What the Most Successful People
Do Before Breakfast
And Two Other Short Guides to Achieving More at Work and at Home

一流成功人士
早餐前都做什么

[美] 劳拉·万德坎姆

中国青年出版社
CHINA YOUTH PRESS
中青文传媒

图书在版编目(CIP)数据

一流成功人士早餐前都做什么 /(美)万德坎姆著；金国译.
—北京：中国青年出版社，2015.1
书名原文：What the most successful people do before breakfast
ISBN 978-7-5153-2880-5
Ⅰ.①一… Ⅱ.①万… ②金… Ⅲ.①时间－管理通俗读物 Ⅳ.①C935-49
中国版本图书馆CIP数据核字（2014）第249943号

一流成功人士早餐前都做什么

作　　者：[美]劳拉·万德坎姆
译　　者：金　国
责任编辑：庞冰心
美术编辑：李　甦　张燕楠
出　　版：中国青年出版社
发　　行：北京中青文文化传媒有限公司
电　　话：010-65511270/65516873
公司网址：www.cyb.com.cn
购书网址：zqwts.tmall.com　www.diyijie.com
印　　刷：北京诚信伟业印刷有限公司
版　　次：2015年3月第1版
印　　次：2019年10月第3次印刷
开　　本：787×1092　1/32
字　　数：120千字
印　　张：6.25
京权图字：01-2014-2412
书　　号：ISBN 978-7-5153-2880-5
定　　价：36.00元

本书汇集了其他两本时间管理指导书之精华

教你如何把家庭时间和工作时间

管理得更加高效、更加充实

时间管理的成功关键是首先做最重要的任务，全神贯注，排除一切干扰。

——亚历克斯 · 麦肯齐

WHAT THE MOST SUCCESSFUL
PEOPLE DO BEFORE BREAKFAST

目 录

Contents

WHAT THE MOST SUCCESSFUL
PEOPLE DO BEFORE BREAKFAST

引 言

Introduction

筹划有限的早晨时间，打造理想的一天

虽然您是刚刚捧起这本纸质书，但《一流成功人士早餐前都做什么》早已经在数字世界里诞生了。

我个人的第一本关于时间管理方面的书——《168个小时》于2010年5月面世发售。没过多久，我开始每个星期给面向高端管理人士的商业管理在线杂志*BNET*（后来并入了哥伦比亚广播公司《财富观察》栏目CBS *Money Watch*）撰写时间管理方面的专题博客。每天早晨，我会收到前一天网站点击量的统计报告，这种信息反馈既让人着迷，又给人灵感启示。通过研究这些数据，我开始慢慢地察觉到哪些内容和标题最容易吸引人眼球，同时我也看到了哪些帖子在网上几乎无人问津。

2011年5月的一天，我正在撰写自己最推崇的时间管理建议，其中有一条就是：利用好你的早晨。多年来，我观察到那些高效能人士常常会利用大多数人没有把握好的几个时间段。当我们把闹铃摁掉并继续睡觉的时候，他们已经跑完了半程马拉松；当我

们还在手忙脚乱地帮孩子穿衣服、哄他们出房门的时候，那些人已经在其乐融融地享用家庭早餐，并和孩子们一同读书看报了。一大清早，时光的精灵尚无机会从我们身边溜走，这正是做点儿事情的好机会。我列了一些在这个时间段可以做的活动，然后坐下来绞尽脑汁地思考如何给这些内容拟一个理想的标题。我曾想把这条帖子命名为“利用好你的早晨”。不过在我发布它的最后一刻，那些网站流量报告突然提醒了我，于是我便把标题改为“一流成功人士早餐前都做什么”。

结果证明这是一个明智之举，这个标题蕴含了某些元素，能把读者们全部吸引过来。其实我们大家都渴望成功，但是要求我们去改变一整周（满满168个小时）的时间如何安排，听上去实在令人望而却步。那么要是仅仅去改变早餐前所做的事情呢？这看起来倒是比较可行的。于是我的博文点击量迅速地往上窜——某一天令人难忘地飙升到了六位数——人们在互联网上争相转载我的帖子。

大约过了一个星期，帖子的点击量很快滑落了下来。可是每当我把那个标题放回到链接列表里，点击量就会再一次飙升。这时我灵光乍现，突然明白了什么东西才是人们真正关心的。但是即便知道了这一点，我又该怎么做呢？

就在那年秋天的时候，我前往纽约参加了一场签名售书会，书的作者也是Portfolio出版社[1]旗下的一名作家。在售书会上与我的编辑布鲁克·凯莉聊天时，她告诉我，企鹅出版社曾有意加强在

① Portfolio是著名的企鹅出版集团旗下的出版商。——译者注

电子书市场试水。要知道，电子阅读器和平板电脑正在改变着出版业的格局，而业内的所有人都应该在这个领域找到切实可行的方案来应对。实际上，电子书的篇幅可长可短，但是要把“打造更完美早晨”的理念诠释清楚的话，则需要在1万字到1.5万字之间（适合一趟列车旅行的阅读量）选取一个理想的点。我建议把标题定为“一流成功人士早餐前都做什么”，并由企鹅出版社打造成“电子专刊”的形式予以出版。后来经过了几周的筹备和考量，我们决定着手去操办这件事情。于是这部分内容的电子书就在2012年6月面世了，而那个题目也再度展现了它的魔力。该书的有声读物版在iTunes的有声书榜单中跃居第一名的宝座——短暂地超越了《五十度灰》（*Fifty Shades of Grey*）的排名——于是我们决定把这一理念伸展开来，随后便推出了一系列的电子书作品，旨在把目光投向一流成功人士是如何规划休息日和工作日的。

而这本书正是那些电子书的汇编合集，专门献给依然愿意俯首开卷的朋友们。通过制作短篇幅的电子书，我明白了读者需要的东西不是别的，就是一个清晰的观点。有时我们想在某个主题下全神贯注地阅读，那么像本书这类长篇幅作品就能满足需求；而有的时候，我们已经为改变习惯而付出了艰苦的努力，正需要给自己来一针速效强心剂，那么短篇幅的电子书就可以做到这一点。如果你在早餐前就能读到它的话，那效果就更好了！在当今这个时代里，科技已经把我们身边的每一样东西都个性化了，那么你为什么不也来互动一番呢？好歹这也是你感兴趣的内容。为了给这个纸质版作品提供更多的实惠（作为一个书虫，我承认自己最喜欢这个纸质的版本），我还提供了一个附加板块，它涉及那些读过前作并给我来信的朋友，这些读者想通过改变早晨的事务安排来提高整个上午乃至整个人生的利用效率，该板块专门报道了他们在时间管理方面的巨大转变。那么其中的收获和体会是什么呢？我的体会就是：培养新的习惯绝非易事。话虽如此，然而通过了几个星期的不懈努力，所有这些忙碌的人都对自己的生活习惯做了某些改进，而且欣然地接受了这种变化。

在编写这三本书的过程中，我自己也获得了很多乐趣。我采访了不少光鲜亮丽的杰出人物，包括企业CEO、总统候选人、童书插画家、赛车手等，我还不经意地发现了诸多时间管理方面的有趣研究。虽然多年以来我一直从事时间管理方面的写作，但是仍然发现了不少新的理念。我把这些成果应用到自己的生活中去。从那以后，我家的周末利用率得到了实实在在的提高，星期天晚上已经变成了我们家搞派对的首选时段。虽然我不敢说自己是一个习惯早起的人，但是我正努力地做到按时上床睡觉。还有，我的另一半也非常可靠，有了他的无私帮助，我在某些本想放弃的事情上也慢慢地取得了进展。

我希望你也能像我一样，从本书中得到灵感和启发。请你不妨从微小的改善做起，一步一步积少成多，最终形成彻底的改变。我真心地相信，每个人都可以在有限的生命里打造出自己心目中理想的人生。在整个世界尚未苏醒之前就去筹划一下吧，哪怕只花费几分钟的时间，也能让一整天看起来充满着无限的可能，使它成为一场激动人心的探险，而不是一趟无可奈何的苦行。

WHAT THE MOST

SUCCESSFUL

PEOPLE DO

BEFORE BREAKFAST

第一章

一流成功人士早餐前都做什么

抓狂的早晨

在很多家庭里，早餐时分是一天中最匆忙的时段，比如在我家就是如此。每天早上，我负责哄三个孩子吃饭，帮他们穿衣，为了保证在8:45之前坐到车里，我可能需要在7:00前就爬起来。要是稍有疏忽的话，我就会感觉自己跌跌撞撞地把很多时间都浪费掉了。我牢牢地盯着时钟，把靴子和外套依次排好，以免到出门前最后一刻手忙脚乱。尽管如此，仍旧保不齐有孩子站出来反抗“压迫”——比如非得逼他们穿袜子——最后也就不得不搞得争分夺秒、十分紧张。等我把他们送去各自的学校后，来到单位办公桌前已经是9:15左右了。此时我总是想先泡一杯咖啡，再浏览一会儿网页，而不是立即开始一天的工作。

近年来，我在研究人们如何利用时间的过程中，了解到有一种夺人眼球的说法，那就是，我们每个人每天要花两三个小时为第二天的事情做准备，而这点其实并不稀奇。而且，我们不难发现，市场上的报纸杂志也铺天盖地地刊登着各种教你如何搞定早晨危机的故事。美国国家睡眠基金会发布的2011年美国人睡眠调查结果显示，在工作日的早晨，30~45岁的人表示自己在5:59起床，而46~64岁的人则在5:57醒来。可事实是很多人到8点或9点才开始工作，而我这里所说的“工作”，是指“到单位签到”。我们疲于应付纠缠不清的孩子们，又要和交通问题斗智斗勇，甚至还要在星巴克排上20分钟的长队，而办公室里第一份安静的时间“配额”，就很容易被我们不知不觉地珍视为一段逍遥自在的时光。我们浏览那些与工作无关的私人邮件，仔细查看微博、脸书之类的社交网站，以及五花八门的头条新闻，直到有会议或电话迫使我们停下来为止。

最终你每天会花上三到四个小时忙于毫无意义的事情，比如朝任性的孩子喊“抓紧上车，否则我们就撇下你先走了”，而不是花在你的核心竞争力活动上。实际上，以下这些才是你最值得从事的活动：发展你的事业，给予家庭基本需求以外的额外呵护，以及滋养你自己。关于最后一项，我所指的具体活动包括从事健身锻炼，投身兴趣爱好，冥想、祈祷等诸如此类的活动。早晨混乱不堪的局面是大多数人以为自己没有时间的主要原因。然而，时间其实是有的，只不过都耗费在了一些除了夺门而出之外别无他获的喧嚣和躁动上。

其实我们的早晨大可不必是这副样子。根据我的研究，即便在那些匆忙的日子里，我们依然可以对时间安排做一些改进，将其变得更高效、更舒心，并使之成为一种习惯，帮助我们不断地成长和提高。事实上，学会怎样合理利用好早晨的时间是区别成功与抓狂的分水岭。当全世界还没有吃上早餐的时候，那些一流成功人士已经完成了多项日常活动，并朝着他们向往的生活迈进了。

通过研究高效人群各自谈及的日程表和时间日志，我至少得出了上述结论。有一天早上，我一边品着咖啡，一边详细阅读《华尔街日报》上的一篇文章。从中得知，当我还在睡梦中时，阿尔·夏普顿牧师已经做完晨练了。报纸上这样写道："在他居住的那幢位于上西区的公寓楼里，有一个健身房，当他6点左右去早锻炼时，那里通常只有他一个人。"他先在健身脚踏车上热身10分钟，然后在跑步机上慢跑30分钟，之后坐在健身球上锻炼，最后做仰卧起坐。"有些天里他无法进行早锻炼，就会使用NBC（美国全国广播公司）演播室大楼里的健身房。他每个星期要去两到三个不同的城市，并要求下属事先打电话确认那里的酒店是否有健身房。"他在凌晨时分做早锻炼，所以根本不必在意自己的穿着打扮。"我经常只穿一套旧运动服和一双耐克鞋而已，"他这样告诉《华尔街日报》的记者，"天还那么早，根本没人会瞧见我。"然而这种破晓时分随意穿着的习惯，附以饮食上的调节，却使牧师先生看起来抖擞利落，这些年来，他已经减掉了一百多磅的体重。

詹姆斯·希特林是斯宾塞·斯图亚特猎头公司的北美联席董事兼执行CEO，他也经常在早上6点以前锻炼身体。他用清晨的静谧时光来思考一天中当务之急的事情。几年前有一天，他心血来潮，决定去问问那些他所欣赏的金融界高管们是如何安排早晨时间的，随即他向每个人发了一封出其不意的问候邮件。后来有18个人回复了他（一共给20个人发了邮件），其中起床最晚的一个人平时是在6点钟起床的。希特林事后给我分享的访谈记录显示，前百事可乐董事长兼CEO斯蒂夫·雷尼蒙德通常每天5点起床，然后在跑步机上跑四英里。在同当时十几岁的双胞胎共进早餐之前，他还能剩下一些闲暇时光来做祈祷、阅读，并及时了解新闻大事。雷尼蒙德现在担任维克森林大学商学院的院长，当我问起他的日程表时，他说自己每天跑这四英里，已经足足跑了几十年。“我从来不会入住那些没有跑步机的宾馆。”他说。然而在这条行动铁律之下有没有例外呢？其实他通常在周末会起得晚一些，而每周四他还会举办“和院长一同迎接黎明曙光”的活动，维克森林大学的学生可以在早上6:30的时候同他见面，并一起跑上三英里。

而在希特林的调查中，有些回应者起得更早。有一名高管告诉希特林：“镇上有一个叫路易的小餐馆，我几乎每天都要去那儿喝咖啡看报纸……他们早晨4:30开张，大约5点有报纸送到……那里的员工们都认识我，所以当他们透过门面的窗户看到我时，就着手准备大号康威咖啡和四张报纸……比利一般都会待在服务台后面，真佩服他居然能记得住这么多老主顾。”

尽管这些人清晨时间安排的习惯各不相同，但动机是一样的。因为作为成功人士，在有最优先的要紧事需要处理，或者说生活中有想要去做的事情时，清晨时分正好是他们日程表里最容易自我掌控的一段时间。在一个实时互联的世界里，一个经营全球组织的环境下，他人的事务很快就会占据并消磨掉我们一整天的时间，而有时这种占据甚至来自于同一屋檐下的亲人。当我和别人讨论他们的早晨时间安排时，经常会听到这样一句话：这是拨给自己享用的时间。就像雷尼蒙德所说的：“我期盼自己的早晨，珍惜自己的早晨，它是我私人的时光。”一名高管大概无法在下午两点的时候待在路易小餐馆里放松一个小时，可是在早上5点的时候，他却可以办到。在早上8:15送孩子上学之前，我无法安静地写日记，也不可以举哑铃，可是在6:15的时候我却能够做到这些。为人父母者也可以利用早餐的一部分时间，有意识地细心照顾一下自己的孩子，而不是两眼死死地盯着时钟。早晨的时光的确需要好好利用，就如同一句很不错的理财广告说的那样："先给自己投资，再为消费埋单"。假如你等到月末的时候才开始把剩下的东西存起来，那么你将没有什么东西可存。同理，有些事情并不紧急却很有意义，比如健身、祈祷，静心思索如何提高业务或培育组织，以及真心实意地奉献给家人最好的东西。如果你等到一天即将结束的时候才去做这些事情的话，就很可能无法办到。

如果想要办成这些事情，那么就必须优先着手去办。

关于意志力：一日之计在于晨

如果这个世界是夜猫子的天下（比如像雷尼蒙德那样的人，他说自己从学生时代就开始在早晨5点左右起床了），那么我希望时光可以倒转，让我回到大学读书的年代。那时我在深夜里给酒吧打零工，一直干到下半夜一点钟，回去之后还得看书学习。毕业后我在“今日美国”（*USA Today*）报社找到了一份“正儿八经”的工作，每天朝九晚五的作息使我不得不应对早晚班的交通问题。不过即便如此，我还是喜欢在晚上从事创作活动。那是一个人的习惯，直到现在，我还是会偶尔选择在这个时段开展工作。说起来也很有意思，这本专门讲述成功者早餐前做什么的书，其大部分内容实际上是在夜幕下的咖啡馆里创作完成的。

然而，在目前的人生阶段里，我不仅需要照看年纪尚小的孩子，而且从事着一份经常需要加班的工作。所以，如果要创作好这本书的话，我就必须在时间安排上使出浑身解数。我不得不安排出更多的时间来照看小孩，还要对这些小祖宗们有求必应。实际上，他们的要求一点儿也不过分，只是希望我在工作之余可以多陪陪他们。结果这么一来，我就没有多少时间可以用来专心工作了，更不要奢谈什么健身锻炼或其他追求。

于是，我便开始意识到早晨领先一步的好处。每个星期都有168个小时，然而并不是每一个小时都同样适合做任何事情。为了写好这本《168个小时》(*168 Hours*)的书，我开始对自己的时间做跟踪记录，从而真真切切地感受到了这一点。我一有空就把手头正在做的事情记录下来。久而久之，我观察到了其中隐藏着的模式。具体来说就是：在日常的工作时间里，上午有一段个人效率的“爆发期”。在那段时间里，我可以在单个项目上集中作业90分钟甚至更长时间；而在余后的工作时段里，我就很容易分心走神。因为我想去查查邮件，或者看看网页。与此同时，待办的事务也逐渐堆积成山。这种情况在别人的私人记录中也有所体现。随着一天的光阴慢慢流逝，能够投入到某项任务上的时间也一点一点地缩水了。

至于健身锻炼的问题，我见识过一些人在下班之后照样可以活动，不过他们基本上都是年轻的单身贵族。像我们这种在家里办公的人，倒也可以从一整天的时间里挤出一点来活动活动筋骨。反正身边也没有同事，就算结束之后不马上去洗澡（或者一整天都不洗）也没有关系。然而，汗臭的因素正是朝九晚五上班族们的主要顾虑。非但如此，他们还不愿意被别人看到在大白天扛个背包从健身房里走出来。另外，工作本身也非常紧张，常会发生各种亟待处理的情况。随着工作项目朝着最后期限慢慢逼近，下班的时点也会不由自主地延伸至晚上，而预先计划好的健身活动就永远无法兑现了。因此，真正重视健身的人都会把体育锻炼摆到早上来进行。在那个钟点，尚不会出现什么紧急事务需要你去处理，而且你总共也只需要冲一次澡就够了。“铁人三项运动”的教练戈多·拜恩曾经这样告诉我：“如果你想逃避清晨4点的早锻炼，借口总是找得出来的，而且全部是理直气壮的借口。”

清晨时分理所当然应该是进行健身锻炼或专心开展工作的好时候。我在既定时间表的基础上做了一些调整，把工作电话挪到下午去打，这样就可以充分地利用好早晨这段“爆发期”了。不过我的心里却产生了一个疑问：似乎清晨时分就是给我们用来搞定事情的。那么除了逻辑上顺理成章之外，会不会另有别的什么原因呢？

结果我发现答案是肯定的，一定有其他原因。老生常谈的“意志力”概念最近有了新的研究成果。在新的一天刚刚开始的时候，人们更容易完成那些需要个人自律才能做到的事情。

罗伊·F.鲍迈斯特是佛罗里达州立大学的心理学教授，他毕生都在从事“自律”课题的研究。在一次著名的实验中，他要求学生们空腹前来实验室，然后将他们分别安置到一个一个小隔间里，并在里面放置了萝卜、巧克力曲奇和糖果之类的食物。鲍迈斯特和科普记者、《纽约时报》科学专栏作家约翰·蒂尔尼在2011年合著了一本书，名为《意志力：重新发现人类最强大的力量》①。根据书中记载，有些学生可以吃里面的任何东西，有些则不能吃任何东西，还有些人则只允许吃萝卜。随后被测试者还必须完成一道几何拼图难题，然而这道题目其实是无解的。结果那些可以吃巧克力曲奇和糖果的学生通常在几何拼图上花费20分钟左右的时间研究，有一些饥肠辘辘却不能吃任何东西的学生基本上也坚持了这么久的时间，然而另外一些人深受食品的诱惑却只允许啃萝卜，他们最后只花了8分钟就举手投降了。按照实验室的标准，这是一个巨大的差距。他们虽然成功地经受住了巧克力饼干的考验，却在这种苦苦挣扎之中耗费了大量精力，使得他们难以应对这道难题。

鲍迈斯特和他的同事从这次实验中得出结论："意志力，就像人体的肌肉一样，过度使用后就会疲劳损伤。"其实这是一个十分棘手的问题。尽管我们把人生划分为"工作"和"生活"两大块，然而实际上正如鲍迈斯特所说："你仅仅拥有一项资源来实施各种各样的自控行为。这不仅包括抵制美食的诱惑，还包括掌控你的思维进程，把握你的情绪，抑制住各种形式的鲁莽行为，还要努力在工作或其他事务上做到尽善尽美。更加令人出乎意料的是，

① 原书名为*Willpower: Rediscovering the Greatest Human Strength*，国内中文译本书名为《意志力：关于专注、自控与效率的心理学》。——译者注

它居然还被用来制定决策。所以当你做一项决定的时候，就会（暂时）花掉一点原本用于自控的资源。而那些需要苦思冥想的活动，比如逻辑论证工作，同样也会用到这一资源。”平日里我们忍受着让人烦心的交通问题和气人的老板，还有不讲理的孩子，外加那些不易察觉的东西，比如巧克力饼干的勾引。我们经历了一整天的轮番折腾，意志力储备很轻易就被消耗殆尽了。

“人们在晚上总是比较容易失去自控力并做出糟糕的决定，这似乎已经成了一种司空见惯的现象，”鲍迈斯特说，“减肥的戒律不是在早晨的时候打破的，而是在晚上的时候；冲动型犯罪主要在半夜11点以后爆发；吸毒、酗酒、不正当性行为、挥金豪赌等种种过错通常也都是在晚间发生的。”

然而在清晨时分，我们享受了一整夜的好觉，意志力相当充沛，此时的我们在情绪上也更为乐观。曾经有一项专门针对全球“推特”[①]信息的研究发现，在早上6点到9点之间的时段里，人们更喜欢使用诸如“很好”“超赞”之类的词汇。在这个比较早的钟点上，我们尚有足够的意志力和精力来对付困难的事务，要知道它们都是需要内在的驱动力才能妥善解决的。没有人催促我们去干，而且干完之后也不会有立竿见影的回报。关于那些事务，我们会在后面的章节里详细讨论。

这就解释了我们为什么要首先处理那些重要的事务。先前那个人体肌肉的比喻还蕴含着更深一层的意义：众所周知，肌肉是

① “推特”是一个社交网络服务平台。——译者注

可以随着时间推移而慢慢得到增强的，一位健美运动员必须刻苦训练才能塑造出两块硕大的二头肌，然而在他练成之后，便进入了保养阶段，不过看上去依然健美挺拔。然而矛盾的是，意志力方面的研究发现，自律能力很强的人在从事很多需要自律的日常活动时(比如做功课、准时上学或上班)，却常常不去运用这种能力。因为对于成功人士来说，做那些事情已经不再是一种选择，而是一种习惯了。“想要把一桩事情变为常规和习惯，起先需要消耗一部分意志力才能做到。不过长此以往，坚持下去的话，就可以把意志力积蓄起来，”鲍迈斯特说，“习惯一旦养成，就会如同自动设定的程序一般，不需要花费多少意志力也照样能够运行。”

举一个例子，比如刷牙。大多数人早上不会在刷牙的问题上纠结，人们不会去计较自己走到水槽边是不是值得，也不会考虑牙刷在口腔里按摩的感觉是否舒服。刷牙仅仅是一个早晨的习惯而已。同样的道理，成功人士把含金量较高的任务培养成早上的生活习惯，从而把精力节省下来去应付接下来的“战斗”——比如应对那些讨厌的同事和拥堵的交通，还有其他需要耗费大量意志力才能克服的困难。这些烦心事会逼得你刚踏进家门就想喝上几杯，而不是去管什么健身锻炼的事情。当然啦，喝酒肯定不是一个好主意。但是如果你早上已经做过锻炼的话，那么在你举起酒杯的那一刻，至少心里清楚自己已经运动过了。在培养这些日常习惯的过程中，你会一步一个脚印地取得进步，从而为自己的幸福、健康和财富打下扎实的基础。就像蒂尔尼和鲍迈斯特所写到的那样：“终有一天，自控力会让你的身心放松下来。它消除了你的压力，帮你把意志力积蓄起来，以应对那些重要的挑战。”

重要但并不紧迫的事

什么是最理想的早晨习惯呢?

你完全可以根据自己的喜好来培养任何习惯。你可以在大多数人吃早餐之前就去洗衣服；你也可以趁孩子尚未醒来之时，先去看一会儿电视；你还可以在工作日的早晨，用最宝贵的第一个小时来召开一场20人参与的电话会议。不过大多数人在看电视时并不需要意志力，洗衣服的活儿也是迟早要干的。至于电话会议，因为它牵涉到其他人，还总会时不时地出现在我们的日程表里，所以它实际上早已居于议事日程的首位（暂且不论它到底配不配）。

最理想的早晨习惯应该是去做那些并非必须做的事情，尤其是那些无须在特定时段才能做的事，即那些往往需要运用内在驱动力去完成的事。虽然事后会有回报，但它也不会像看电视（或回复一封不紧急的电子邮件）所能给你的回报那样立竿见影，也无法立刻给你带来身心上的愉悦感受。最理想的早晨习惯是那些只要通过定期适当的练习就能产生长远效益的事情。

一流成功人士利用他们的早晨时光来做下列事情：

1. 发展事业——筹划未来前途并专心工作。

2. 增进人际关系——把自己最好的一面献给家人和朋友。

3. 滋养身心——锻炼身体、陶冶情操、从事创造性的实践活动。

让我们依次来考察一番。

发展你的事业

自2010年，黛比·莫伊辛琴开始在布莱德曼大学着手建立一个健康教育部门。我本人曾经在医疗行业女性协会的全国代表大会上搞过一次研讨活动，作为研讨会的一部分，莫伊辛琴为我制作了她的时间日志。她把自己所做的事情全部记录了下来。坚持了一段日子以后，她写道："有些事情的干扰作用非常明显，真是令人痛心！"她在工作中一直被外界干扰打断，这一点尤为显著。各种临时会议和简短谈话充斥着她的工作时间。她总是在前30分钟里做这件事情，而在后30分钟里又做那个任务。之所以会形成这种局面，实际上部分是因为她自己有意为之。她试图营造一种相互合作的组织文化，并采取一种开放的姿态来与团队沟通协作。因而从这个角度来看，这种"干扰打断"其实是她一整天中最为重要的部分。然而这里的问题是，她自己也有项目要去完成，这种支离破碎的日程安排意味着她将不会取得多大成绩。

造成这种两难困境的根源，其实就在于她自己的一项生活习惯。她有一个未成年的女儿，平时喜欢玩水球。莫伊辛琴经常需要在上午7点之前早早地把女儿送到游泳馆，送完女儿之后，她要么回家看一会儿电视，要么直接去单位报到，然后就把一大清早的好几个钟头都用于清理电子邮件。而我注意到，其实她有很多闲余时间可以用来清理收件箱，比如在几个同事先后造访她的办公室时，一般会有5分钟的间隔，而在早上6:30的时候根本不会有同事来拜访她，所以那个时段正是专心工作的好机会。她可以每天选择一件头等要事去做，把它安排到宁静的清晨时分来完成，等到同事们过来拜访时再放松也不迟。

后来她同意按照这个办法试一试，结果发现这种转变其实很容易。现在她已经开窍了，往后只需善待这个“项目时间”即可，即不去回复电子邮件，并将其培养成一种习惯。后来，她在研讨会上告诉大家，她在听取了我的劝告后进展收效显著。几周后我又做了回访确认，获悉她仍然坚持在早晨进行负重训练。她告诉我：“如今我早餐之前取得的成绩胜过了以前一整天所能做到的。或许没有那么夸张，但是那些积累已久、想做未做的事情确实都一一兑现了。”

常听人说，人们之所以选择在早上专心工作，其中一条关键的因素就是：在这个时段里不会有人过来打扰你，你可以把手头要做的事情一下子搞定。众所周知，小说家安东尼·特罗洛普保持了几十年如一日在清晨那几个小时里从事文字创作的习惯，而芝加哥大学的历史系博士后夏洛特·沃克-赛德则用每天早上6点到9点的时段来专攻她那本西非宗教政治的历史著作。在前去学校履行日常教学任务之前，她通常首先会用心写作并阅读期刊文章。她说：“一旦你开始查看电子邮件，那么一整天就会开始慢慢沉沦下去。你会不断地看邮件、写邮件，并且周而复始，无法自拔。另外，大学教职的就业市场也给我带来了很大压力，我全靠清晨那几个小时来实现心理调适。虽然我每天都有工作，但是在早晨的时候，我有的却是一份事业。”我想，她的未来肯定是无限光明的。因为有一项针对年轻教授的研究显示，每天坚持动笔的人要比那些临时突击（平时不写东西）的人更容易拿到大学的终身聘任资格。

有些人确实已经发现，一大清早就同周遭世界“打成一片”的办法效果不错。尤其是运用那些量身定制的个性化方式，比如对一个媒体撰稿人来说，在发出去一封发人深省的电子邮件之前，仔细斟酌一下今天应该向大众媒体传递怎样的讯息。畅销书《幸福计划》（*The Happiness Project*）的作者格雷琴·鲁宾，每天早上6点起床，趁家人7点钟起床之前，给自己腾出一个钟头的时间。她说：“书上经常会说，一个人清晨时的思路最为清晰敏捷，所以我常常在那个时段里用心写书。但是经过一年的苦撑之后，我发现自己每天首先需要一个小时来更新电子邮件，浏览社交媒体，安排一天里的事务。只有这样，我的身心才能平静下来，才能够集中注意力。因此，现在我习惯了用6点到7点这一个小时来处理那些事情，而且我觉得这种做法的成效非常令人满意。”

按照构筑职业社交网络的思路，我一直认为“社交早餐”的概念被大众广泛忽视了。为人父母者和禁酒主义者常常会回避掉那些觥筹交错的鸡尾酒会。就算你真的去参加了，抱着“一天已终了”的固有观念，望着那些摆在眼前的酒水，你也会完全沉浸在社交状态中，而不是在工作模式下。这样一来，你会忘记去拿别人的名片。就算你拿到了名片，也会搞不清楚为什么要同这些人保持联系。“在每日清晨时分，我们应当卷起袖口，全身心投入工作当中。”克里斯托弗·科尔文这样说。他是克雷默·莱文·纳夫塔利斯和弗兰克尔律师事务所的合伙人。他经常会在早上5:30

起床遛狗，在给孩子准备早餐之前，首先查阅一下公文。为了更好地利用这段时间，他发起了一个叫作“常春藤人生”的社交组织。该组织专门网罗常春藤大学的校友（同时还操办其他事务），安排他们每周三在纽约参加早餐活动。“我发觉自己在早晨的时候更加神清气爽，也更富有创造力，那些饭桌上听来的故事也更容易给我启发，”他说，“然而在每日终了的时候，我的脑子就比较杂乱了。”曾经拥有美好时光的过来人都会同情这种感受，并且清楚喝酒的办法根本无济于事，那样只会“借酒消愁愁更愁”。

增进你的人际关系

凯瑟琳·博蒙特·墨菲是一名企业税务律师，我在《168个小时》一书中曾经特别讲述过她在时间管理上的巨大转变。当年我在和她交谈时，第一次意识到了每个家庭都可以善待清晨时光，而不是把它当成一段随房门一同开启的死亡之旅。在我认识她的第一个年头里，她在傍晚很难做到早一点下班，拿不出多少时间来陪伴女儿，这正是她深感沮丧的根源所在。然而，实际上她已经在周末花费很长时间陪伴孩子了。我从她的时间日志上发现，在晚上很长的一段时间里，她都在屋子里瞎转悠。随后第二天起床去上班，在公司里同样是这副样子。在静下心下来开始工作之前，她要先喝上一杯咖啡，再查邮件或浏览网上的头条新闻。于是，我建议她准时上床，第二天和女儿一同起床，把上班之前的早晨时光看作亲子时间。她很乐意地接受了这个建议。“这个应该很容易就能办到，不知道为什么从前没有想到过。”她说。她特别喜欢“预先安排亲子活动”这一理念，这让她一觉醒来之后有所期待。在接下来的几个月里，她们开始共同做早餐，并亲密地依偎在一起，有时候在保姆敲门之前先讲几个故事。墨菲的单位奖励员工加班但不奖励员工早到，因而就算她稍微晚点到公司，估计也没有几个同事会注意的——而那个时候才更接近于她实际开展工作的时间点。

这是开启新一天的好方法，这么做能够给予女儿最好的关爱，而不是留给她一天末了剩下来的东西。当我两年以后再去回访确认时，早晨的时光对于她的家庭来说已经非常具有吸引力了，墨菲说她的丈夫已经将早晨时间“接管”过去，当作他自己的亲子时间来陪伴女儿，还有2010年上半年刚出生的儿子。“在我们家，早餐时段已经变得热火朝天了，”墨菲告诉我说，“我觉得全家人都非常喜爱这个时段！”

当我审视自己的生活时，我始终坚持这一理念：将早晨时光用作积极向上的亲子时间。我自己的孩子常常喜欢睡懒觉，而很多孩子在天刚蒙蒙亮的时候就已经醒了。假如一整天都在外面工作并无法见到孩子的话，那么为什么不去利用好这段时间呢？你可以像我那样两眼呆呆地盯着时钟，也可以给自己设下15分钟的闹铃，然后尽情放松下来。人们总是一味地强调合家团圆吃晚饭的重要性，可是倘若你的孩子在傍晚5点半或6点钟就想吃饭，那么坐在一起用餐几乎是不现实的，尤其是在父母一方或双方需要加班的情况下。其实晚饭也没有什么大不了的。如果意志力研究可靠的话，实际上，同早餐时段相比，人们在吃晚饭的时候脾气更坏。如果我们把家庭早餐当成一项轻松有趣的活动，那么就完全可以替代一顿全家团圆的晚饭。所以在这些日子里，我尽量答应给孩子们做煎饼[①]。我还试着晚一点再去看报纸，把时间腾出来和孩子们一起谈论今天要干什么事情，或者随便什么他们想得到的话题。

在早晨时间的安排上，朱迪·罗森塔尔也是这么做的。她是纽约的一名理财规划师，而且是阿默普莱斯金融顾问社交网络的奠基人。她丈夫负责大部分照顾孩子的任务。她说："我早晨惯常的活动包括一段陪伴女儿的亲子时间。如果不是在外面急匆匆赶路的话，我总是会给她准备好早餐（主要是培根），并在餐桌上给她安排一个舒服的位置。我们坐在一起无话不谈。倘若时间尚充裕，我们会用图画纸和胶水做一些美工，然后我帮她一同铺床，替她梳妆打扮。我们一边唱着儿歌，一边梳理头发，东拉西扯，畅所欲言。这是我一天中最珍贵的45分钟。"

其实，就算家里还没有孩子，你也照样可以利用早晨时段来关心丈夫、家人或好友，用这个时间段来增进你同他们之间的关系。我在研究过程中读到过很多恼人的"统计数字"，其中就有一条谈到：在双职工家庭里，夫妇两人每天相互对话的时间只有12分钟。我心想，如果他们只能挤出这么一丁点时间的话，那就说明他们没有用心去好好发掘。一个星期总共有168个小时，如果你

① 煎饼是美国家庭里传统的早餐食物。——译者注

每周工作50个小时，睡眠56个小时（每晚8小时），那么仍旧可以留出62个小时来做其他事情。我们完全可以从中找出多于84分钟（12分钟乘以7天）的时间。话虽如此，可是那些夫妇们依然感觉彼此就像两艘停泊过夜的小船，只是在晚上的时候才朝同一个港口靠岸——坐在电视机前的沙发上。

然而有一些夫妇却有办法拥有相当多的高质量时间。奥比·麦肯齐是贝莱德全球客户集团的常务董事，他在每个工作日早上9点之前，就已经同妻子说了将近84分钟的私房话。这是因为他俩结伴出门，从新泽西恩格尔伍德的住所一同驱车前往纽约市区上班，这样一来就把原本令人恼火的堵车时间变为了每日一次的浪漫约会。“这使得我们在一整天里都心心相印。”麦肯齐说。他们把各种家务事都拿出来讨论一番（比如水管爆裂后的报修问题），还有家庭财务问题和未来的人生规划等。

在我的个人博客里，有一位发帖留言者曾这样描绘他心目中的理想早晨时光：“我要在晨曦的映照下享受性爱。”其实如果你果真肯将这项活动纳入考虑范围，这倒也不失为一种早餐前消磨时光的好办法。

滋养身心

詹姆斯·希特林所调查的大多数高管都习惯在早晨时段从事某些体育锻炼。弗里茨·范帕萨岑是库尔斯家族摩森康胜啤酒酿造公司总裁兼CEO，他把目标定为“5:50开跑，6:30到家”；乌苏拉·伯恩丝时任施乐集团公司高级副总裁（现任CEO），她通常每个星期会挑出两天，在早上6点之后花费一小时作私人健身训练；史蒂夫·墨菲时任独立出版商罗德尔公司的CEO，他每周有三天会拿出90分钟来做瑜伽。

这些都是异常忙碌的人士，如果他们都愿意挤出时间来锻炼，那么就足以说明锻炼的重要性。如果他们选择在早晨锻炼的话，那么其中必有玄机。某些研究确实表明，在早晨锻炼比在其他任何时候都更有效果。阿巴拉契亚州立大学的一项调查研究发现，相比那些在其他时段健身的人来说，早晨起床就锻炼的人晚上更容易沾枕即睡，而且能够一觉到天明。一种比较合理的解释就是：当我们起床后，人体开始释放应激激素，而早晨健身正好抵消了这些激素的作用。倘若选择在其后的一些时段里锻炼的话，则给予了这种激素更长的作用时间。另有一项研究发现，高脂肪的饮食会导致血脂上升，而大清早（早餐之前）的体育锻炼可以抵消掉这种风险。不过也有其他研究表明，先吃一顿简单清淡的早餐，然后再去锻炼的话，会收到更好的效果。不管采用何种方式，多项研究已经查明，有一个理由能够解释为什么清晨锻炼更加有效，而且听上去也不会医学味十足。早晨进行锻炼的人之所以能够更轻易地持之以恒，很可能是由于先前提到的意志力以及逻辑安排上的合理性。要知道，跑一次步的效果是微乎其微的，但一辈子坚持每周跑步5次的话，就会彻底改变你的健康状况。

我向来很喜欢跑步。2011年夏天，我决定尝试在一大清早就出去跑步，看看这样做会不会更有意思一些。后来的结果证明确实是这样。在6月的时候，我们全家从曼哈顿迁出，搬到了更具田园风光的宾夕法尼亚郊区。有时候丈夫无须外出办事，我就在那几天清早出去跑步。我把运动装束全部整齐地摆放好，哪怕是小到一根头绳。我预先将闹钟设置在6:20，这样就可以保证在6:30以前出门了。接下来我再花45分钟在新家周围的乡间小路上跑几圈。在白天的时候，气温最终会升到100度（此为华氏温度，相当于摄氏温度37.7度），而浓密的树林起到了很好的遮挡作用——这一点非常重要，因为我当时有孕在身，不能忍受太高的气温。我一会儿看看路边爬行的蚯蚓，一会儿去吓唬吓唬躲在林子里的小鹿。在一个阳光特别明媚的早晨，正当我朝家的方向往回跑时，恰巧望见了一轮彩虹。我沿着这条线路跑了很多天，开始体会到了自己的进步，比如我可以一口气爬上一座路径曲折的小山坡。跑步的时候是我心灵独处的绝佳时机，当时我正思考着那本努力写作的书，还畅想着肚子里的女儿。她在里面欢快地踢我，就好像同我一起跑步似的。

或许是意识到了清晨锻炼具有提升人们整体状态的效果，很多健身房都为早起者们专门开设了课程班。朱莉·德尔卡米勒是一名特殊教育、聋人教育和手语翻译系助理教授，任教于内布拉斯加大学奥马哈分校。她每周会有四到五天要在早上5:30的时候去参加爵士健美课程。“课程班离家大概有十分钟的路程。清晨的马路非常空，所以赶过去十分轻松。”她说，“那里的姑娘们都尽心尽责地帮助我，我非常喜欢这个集体，而且教练也带给人很大的鼓舞和启发。说来也怪，这同时还是一段可以让我静心思考的时间。不仅如此，早晨健身班的人数也比其他时段要少，而我恰恰喜欢占有更多的活动空间。我一般在6:35回到家里，此时其他人都还在睡觉，所以我不会感到自己好像错过了什么‘重要’的事情。我犒劳了自己的身心，这对我一整天的工作效率都有惊人的影响。”

如果提高工作效率的愿景仍然不足以把你从床上拖起来的话，那么我这里还有一条所谓“预先承诺”的策略——专门雇一名私人教练来确保你能够早起锻炼。大卫·阿德尔曼在宾夕法尼亚大学商学院进修时，曾试图去练练身板，好为婚礼仪式上的亮相做准备。他每周要花好几个上午去费城体育俱乐部请大名鼎鼎的巴尔的摩先生指导他健身，他习惯了这种早起锻炼的时间安排。当时他和现在的妻子同在贝恩咨询公司供职，他俩都参加了一个位于洛杉矶的巴里训练营。该训练营要求早上6点钟出发，活动内容极其艰苦，常常会使人汗流浃背。后来他俩慢慢熟悉起来，并最终相识相恋走到了一起。“当时我们还只是普通朋友关系，然而这场一同‘自虐’的经历却促成了我们的约会。”他说。阿德尔曼与巴尔的摩先生每周碰面三到四次，每次都在早上7点钟进行，并且就这样连续坚持了好几个月。结果他在自己的海滩式婚礼上显得矫健挺拔，神采奕奕。如今他经营着一家名叫“Reel Tributes”的公司，专门制作个人和家庭的纪录片。这给予了他在时间上更大的灵活性。然而即便如此，他还是愿意在早上起床后先去锻炼一番。按他自己的话说：“我喜欢把这件事做完了再说其他。”如果你把锻炼的事情拖到后面的时段再做的话，你就会不由自主地思前想后，你会变得畏首畏尾。然而要是你能在大多数人吃早餐以前就把它做完的话，那么就不必再久久地挂念了。

当然，健身锻炼并不是滋养你的唯一手段，心灵上的修行也十分受人欢迎，比如祈祷、研习圣经，或静坐冥想。克里斯汀·加里波曾任职于摩根斯坦利的私人财富管理部门，现在是“为美国人而教”[①]（Teach for America）组织的一名成员，并在费城市中心平民区的一所拉丁裔男子学校里任教。她在每个工作日里坚持早晨5点起床，然后做一些二头肌训练和各类俯卧撑动作，再用几分钟的时间把今天要办的事情预习一遍。在吃早餐之前，她还要阅读圣经诗句，并对照反省几分钟。“我需要教授一个由25到30个男孩子组成的班级，而以往在华尔街的经历并没有为我目前的教学工作打下什么基础，”她说，“而这项习惯却能让我更好地把握住那些教课的工作日。”

温迪·凯负责改善几家血浆采集中心的经营状况（其中有一家还因违反了美国食品药品管理局FDA的规定而被查封过），她说：“我在清晨时分常常与自己进行心灵上的沟通，一心一意地冥想思考。这是我长大以后在事业上取得成功的关键所在。”她在医药行业里摸爬滚打了很多年，每天在出门之前的两个小时起床，然后花大量时间与上帝对话，倾诉自己的感激之情。她请求主的指引，并虚心接受心灵上的启示，随后把想法全部都写下来。她说：“当我踏进办公室时，我的眼界总是清晰的，目标总是明确的。我能

① Teach for America，美国的一个组织，其作用类似于中国的“希望工程”。

够将它们付诸于简明的行动计划，并传达给我的同事和助理。”

玛妮莎·撒克是MoneyZen财富管理公司的创建人兼CEO，她平时经常吟唱“超觉禅定法”[①]的颂歌。此法涵盖了每日两次、每次20分钟的静坐冥想课程。在这两次练习中，撒克全神贯注地调整气息，还在脑海中默念祷语。她在早餐前做一次练习，待到晚上回家后再做一次。当年她从一名CEO转型为创业家，从此便开始练习这项课程。撒克说：“不同角色所要求的东西真是千差万别，我感觉工作的事情始终在我的脑子里打转，它们24小时终年无休地缠着我，而我的思绪也永远无法平静到一个理想的水平。后来我和丈夫一起报名参加了这个训练，发现这是我们所经历过的最有教益的练习之一。我在想问题的时候，思路更加清晰透彻，也更加富有创意了。现在我可以用更睿智冷静的眼光来审视每日待办事务的清单，最终那张甩不开的‘催命鬼画符’也随之变得颇有趣味了。”

如何改进你的早晨

通过研究人们在早晨的各种习惯，我发现要想好好利用这段时间，有五大步骤是必不可少的。

① 超觉禅定法，Transcendental Meditation，西方的一种瑜伽术，兼具气功锻炼的效果。——译者注

追踪记录你的时间

如果你想要更好地利用时间，那么首先就得知道自己现在是如何使用它的。倘若你以前曾经尝试过减肥的话，想必就清楚营养师们会叫你做一个膳食记录，这样就可以防止你乱吃东西了。而同样的道理也适用于我们的时间管理，请你记录下手头正在做的事情。一有机会就去做，而且越详细越好，这样对你来说是很有帮助的。这里有一个Excel数据工作表下载链接：http://lauravanderkam.com/books/168-hours/manage-your-time/，你也可以用一本小笔记本来记录，或者使用电脑里的Word文档也行。

当你正在认真思索早晨时间该如何安排时，不妨试着去追踪记录一周的时间（168个小时）。之所以要这么做，是因为解决早晨时间安排困境的答案往往就隐藏在一天中的其他时段里。或许你在早上会感觉身心疲惫，那是因为你昨天夜里睡得太晚了。可是当你使劲回顾昨晚是如何度过的时候，却会发现自己既没有干什么特别要紧的事，也没有做什么有意思的活动。乔恩·斯图尔特的每日脱口秀（Jon Stewart's Show）可以下载下来放到以后再看，你可以将它安排到早上6:30，也就是你正在跑步机上跑步的时候看；有些工作邮件是晚上11点到次日早上8点之间发过来的，无论如何都不需要立刻给予回复，所以你干吗非要去查看收件箱呢？还有，如果你把时间都花在收拾整理房间上了，那么就请记住这句话：明天屋子会再次变脏的，你的时间却一去不复返。如果你在邋遢的房间里无法安心入睡的话，那么就试着仅仅打扫卧室这一间屋子，把其余的地方都拒之门外吧，就算天塌下来了也不要去管。

至于早晨时间本身，即便你能够有条不紊地度过，却仍然无法充分利用。请仔细追踪记录好你的时间，想一想深藏于心底的固有观念是否合情合理，质问自己哪些事情是一定要去做的，而哪些事情则没有必要。你原本可能坚信“一个好母亲就要给孩子准备午餐”，可是我敢保证，有不少人仅仅发给孩子买午饭的零花钱而已，而且这些人还都是你所认可的伟大母亲；你或许认为“一个想保住饭碗的人就应该比老板早到公司上班”，因为你的父亲就是这么认为的。可是搞不好你的老板正因为无法抢先赶到而深感苦恼哪！你的个人顾虑是不是过于较真了呢？还有，你的孩子有没有“强烈呼吁”自己已经长大，而你仍旧在很多事情上越俎代庖？从前我家也有类似的问题，但后来我花时间教会了孩子们独立自主。而这项任务也是当时我本人“早晨改良计划”的一部分内容。当你不再替孩子寻找书包时，就有时间坐下来和她谈谈心了。如果你当真确定“做午饭”或“第一个冲到办公室”就是你的第一要务，那么也可以放心大胆地去做。不过请你务必理解一点：这是你的一个选择，而不是又一件非干不可的事情。

设想一个完美的早晨

当你搞清楚了眼下的时间利用情况之后，请再问自己一个问题：对你来说，一个完美的早晨应该是什么样的？就我个人而言，早晨可以先从跑步开始（或者也可以像那位读者建议的那样，从清晨的性爱开始），接着享用一顿有咖啡相伴、充满温馨气息的家庭早餐。等到把家人送出门外以后，再专心地做一个长期项目，比如编写一本书，或是更新自己的博客。以下列示的活动都可以拿来培养成你的早晨习惯：

油画、素描、摄影（光线充足的话）、剪纸拼贴、做手工、写诗、练习一门乐器（如果你独居的话）、一句一句仔细研读宗教经文、做瑜伽、参加尊巴热舞（Zumba）健身班、散步、半程马拉松训练、骑自行车、游泳、和健身教练一起锻炼、负重训练、祈祷、阅读一本宗教颂文、浏览你的相簿或联系簿并点名为这上面的人祈祷、冥想、列一条感恩清单、写个人博客、写“早餐日记”［按照朱莉亚·卡梅隆在《艺术家的方式》（*The Artist's Way*）一书中提出的那样］、写一篇千字微型小说、写一篇日记、写一封感谢信、阅读一篇专业杂志上的文章、参加一次常规的社交早餐聚会、同家人一起用早餐、同孩子们一起做煎饼或烤面包、搞一个家庭读书俱乐部并同家人一起读书、读一本童书、把莎士比亚所有的名剧都通读一遍、把20世纪优秀的小说也都看一遍、听一些难度更高的音乐比如瓦格纳的《尼伯龙根的指环》（*Wagner's Ring Cycle*）、同孩子们一起玩耍、和孩子一起搞艺术创作、园艺、和配偶一起健身、每天早晨尝试一项新菜谱、进行职业规划的战略性思考、谋划长期雇员职业发展计划、对新兴业务链或销售前景做一次“头脑风暴”、提出新项目或新举措、研究学习、上一节自主进修的网上课程，等等。

从逻辑的角度仔细思考

如何将这个美好早晨的愿景与你眼下的实际生活紧密地融合在一起呢？做这些事情会花去多少时间呢？请不要妄图将它们安插在梳洗打扮的时段里；同样地，如果你必须提早出门去上班的话，那么也无法完成这些事情。请把重要的事务安排到早晨的时候去办，这么做的好处就是能够排挤掉那些实际上并不紧迫的事情。如果你花了15分钟来洗澡，那么你就少掉了15分钟；花5分钟就少掉了5分钟。当然，除非在你的心目中，理想的早晨活动恰恰就是一边洗澡一边冥想。要真是这样的话，那么你爱洗多久就洗多久吧。

另外，请将你的早晨安排用图表的形式表现出来，然后请你问自己几个问题，比如：哪些事情是一定要去做的？我应该在什么时候起床？前一天晚上需要几点上床才能保证睡眠（这点至关重要）？我能保证在那个钟点按时就寝吗？习惯熬夜的人或许会发现，从原本想起床的那个钟点出发，往前倒推8小时的话，算出来的结果一般也不太会是一个过早上床的钟点。其实你可以用各种途径来平静自己的情绪，避免睡下以后在床上辗转反侧。睡前一小时之内请不要看电视，也不要去查阅电子邮件（有证据表明，屏幕发射的光亮会影响我们的睡眠状态）。请把房间的光线调暗一些，并保持适度的凉爽。如果那时候家人还在旁边活动的话，你可以戴上耳塞。请试着做几个深呼吸，或者冥想片刻。你还可以做祈祷，也可以写日记，或者阅读几篇能够让你安神的文章。

至于早晨时间安排，请你再问自己几个问题。你需要同生活伴侣轮换照看小孩吗？雇一个保姆过来帮忙照看几天行不行？能不能早一点把孩子送去学校或托儿所？我需要健身设备吗？为了省下路途往返的时间，我可以在家里办公吗？可不可以同家人或好友一起拼车呢？

怎样才能把早晨习惯变得更容易让人接受呢？需不需要在床边摆放一块小黑板来提醒自己？能不能找来一个更加“活泼”的闹钟（换句话说，不会那么轻易被你摁掉的闹钟）？

请提出一个方案，并把你所需要的东西全部准备好。但是无论你怎么做，都不要把它贴上“不可能”的标签。人总是会轻信自己的借口，尤其是当它非常合情合理的时候。比如，你可能会告诉自己，利用早上时间来健身是行不通的，因为你或许是一位独自带小孩的单身家长（或者只是所谓的“工作日里的单身家长”。因为爱人平时外出上班，所以我自己也常面临这种境遇）。可是请你等一下，我们暂且撇开费用花销的问题不说，假设你坐拥全世界所有的财富，然后把自己所能想到的选择全部一一罗列出来。于是这些方案的成本开销水平和操作难易程度就一目了然了。举几个例子，比如你可以去雇一名住家保姆，或是找来一个寄宿的留学生。要么干脆给亲戚一点好处，让她住到你家里来；你还可以寻一个合租者——或许她也是一位单身家长。在她想健身锻炼的时候，你可以反过来照看她的孩子；你可以在早锻炼的日子里，雇一名保姆专门在大清早就上门服务，或者叫亲朋好友过来帮忙照看一下；你可以给孩子找一家早托班，或是前去一家设有亲子屋的健身房；你可以买一台跑步机（全新的、二手的都行），把它安置在你家的地下室里，就摆放于电视机前面，在孩子尚未起床的时候先去跑两步；你可以买一辆双人慢跑童车，然后带上孩子们一起出去走走。请把这些选项逐个依次考察一番，我估计二手跑步机应该是性价比最高的选择，它在时间安排方面对我而言也是难度最小的，不过你或许会选择其他听上去也非常诱人的方案。

养成良好的习惯

这是最为重要的一项步骤。要想把一个愿望化为一种习惯，就必须具备自发的强大意志力才行，而且不能“三天打鱼，两天晒网”。在最初的几日里，早上5点半的时候，你一定拥有愚公移山那般的动力。可是到了第13天左右，你就会意志不坚了，而你的大床也变得十分诱人。那么这将如何是好呢？

请你慢慢地迈出第一步。在前一天提早15分钟上床，次日提早15分钟起床，如此这般持续一段日子，直到那张新的日程表看起来不难实施为止。

保养好你的精力。要知道培养一种新的习惯需要艰辛的付出。因此，在你尝试把它付诸实践的时候，请务必要照顾好自己。你应该保证每天膳食的质量和数量，在工作日里注意劳逸结合，同那些盼望你成功的“后援团”在一起。

俗话说，“心急吃不了热豆腐”，培养新习惯也需要一项一项地来。如果你希望每天早晨完成跑步、祈祷和写日记这几项的话，那么就请先选择其中的一样，然后把所有精力都扑到这个单项上，等到习惯养成之后，再去尝试其他几项。

把你所取得的进展用图表画出来。某项习惯一般需要好几周的时间才能养成，所以请你至少追踪记录30天里的进展情况。本杰明·富兰克林曾经在他的书里叙述了自己是如何培养各种优秀品质的（比如节制、谦虚等）。这个理念在格雷琴·鲁宾的《幸福计划》一书中也有详细的阐述。她一边朝着自己的目标不断前进，一边记录下这些点点滴滴的成绩，把它们全部体现在图表里。倘若有一天漏记了，就会让人感觉生活中好像缺了什么似的，就像是忘记刷牙一样。待到那时，习惯就彻底养成了，而且能更上一层楼。

另外，请放心大胆地“贿赂”你自己吧。终有一天，随着你的气色越来越好，精力越来越充沛，将有一股自发的动力促使你去健身锻炼。但是在此之前，外部的驱动力有助于你再接再厉。你不妨允诺给自己一张电影票或保健按摩券。同时还要记住一点：不要把你所培养的这些习惯变成各种自虐行为，请选择那些真正让你乐在其中的项目。肖恩·阿克是《快乐竞争力》（*The Happiness Advantage*）一书的作者，同时也是一个自称为“夜猫子”的人。他曾经参与过一些活动，这些活动让他很兴奋，使他想要跳下床去做。他通过这种方法来训练自己成为一个早起的人。他把自己需要感恩的人和事全部写下来，以这种方式来开启新的一天。他说：“我们之所以喜欢在早上赖床，是因为只要一想到白天各种不得不去做的事情，我们的大脑就会感到疲劳。我们所想到的是一个个沉重的包袱，而不是一件件令人愉快的事情。其实这个道理也可以反过来理解。如果你脑子里想到的全部都是自己期待的事情，那么就可以很轻易地起床了，而那些事情也就会随之变成现实。”

除了罗列出那些要感恩的人和事之外，阿克还会用几分钟时间来写一封简短的感谢信，并以电子邮件的形式分别发送给亲朋好友。他甚至还会特地给中学的英语老师寄去一封，以此来表达自己的谢意。阿克这样做可以把他的心境置于一种团结友爱、守望互助的氛围当中。“这通常是我一天里最喜爱的时段。”他说。如果在早餐前就完成这些事情的话，那么整个上午也就不再难以应对了。

根据实际需要，作出灵活的调整

人的命运是起伏多变的，而生活习惯也是如此。随着怀孕后期体型的变化，晨曦下跑步的习惯就变得不那么舒适了，因而也只能暂时放弃，让它跟随夏季的步伐一同消逝。自从露丝出生以后，我把跑步的时间更改到下午一两点钟进行。在那个下午时段里，阳光依然充足，外面也比较温暖。而在早上的时候，我永远也不知道宝宝几时会醒来吃奶。作为替代补偿方案，我开始把注意力放到了早餐上。我和其他孩子们一起轻松地享用美味佳肴，偶尔给他们讲几个故事。待到这些事情全部做完以后，我才开始利用早晨的效率“爆发期”来对付一项写作任务。然而宝宝一天一天长大，早晨清新的空气让我感觉生命中每一天都充满着无限可能。

于是我盼望着能够重新拾起清晨跑步的习惯。

这一点恰恰是早晨时光最令人惊叹之所在——它们总能让你感知到一个全新的机会，允许你把眼下的事务纳入正轨。埃科尔说："只要成功一次，就会成功一万次。一旦你把某个胜利铭刻于心，那么就很有可能屡战屡胜，所向披靡。"请你相信自己的行动。要知道人们就是这样领悟乐观主义精神的，或者我们可以用一个更好的词——希望。

一流成功人士明白，早餐之前的那几个钟头是弥足珍贵的，绝不可以在半梦半醒的状态下白白浪费掉。其实你可以利用那几个小时来做很多事情。来自科罗拉多州的兰迪普·瑞克里在一家金融服务机构里做全职工作，他在早上8点钟上班之前，就已经完成了健身锻炼，而且帮忙打理了一门副业——自己家族酒行的官网WineDelight.com。他早上5点钟起床，直奔公寓楼里的健身房，一直锻炼到大概6点钟。然后花90分钟的时间坐在电脑前，查看网站的点击流量，并回复顾客发来的电子邮件。他说："在平时，我下班后很快就被各种社交活动和'欢乐时光'[①]所拖累，所以只有早上的时间才是唯一的、真正有保证的自我支配时间，而且也不会牺牲掉其他的机会。"他这种早上5点起床的做法让我感到有点害怕，然而实际上我在晚上10点之后也没有做过什么大事。每当我想说没时间的时候，我就会提醒自己：要是早点起床就行了。

① Happy Hours，是欧美国家的一个市场营销名词，指在一些诸如餐馆、酒吧之类的公共营业场所里，经营者常会在某些时间段里给予顾客打折的酒水服务，名曰"欢乐时光"。——译者注

其实早晨的那几个小时是向所有人敞开胸怀的，只要我们愿意去好好地把握它们。

那么你想怎样利用自己的早晨时间呢？如同其他重要问题一样，这个问题也值得深思熟虑一番。你需要花功夫去弄明白，对自己而言什么事情才是最有意义的。一旦下定决心之后，再细小的习惯也能创造巨大的效果。19世纪英国著名小说家安东尼·特罗洛普曾经说过："习惯这个东西，具有水滴石穿的力量。一件微不足道的日常小事，如果你能坚持每天去做，就能胜过那些艰难困苦的大事。"

当你更好地养了自己的早晨习惯，就可以进而改造你的整个人生，一流成功人士都明白这一点。

WHAT THE MOST

SUCCESSFUL

PEOPLE DO

ON THE WEEKEND

第二章

一流成功人士
周末都做什么

周末的悖论

麦克·赫卡比是一位大忙人。他既是浸信会的牧师，又担任过阿肯色州的州长，还曾经参加过2008年总统竞选。竞选失败后，他摇身一变，成了一名替共和党摇旗呐喊的鼓动者。他全国各地四处奔走，为那些志同道合的候选人筹集资金，为他们拉票助选。赫卡比刚刚出版了个人的第十本书。他每天要主持一个长达三个小时的电台广播节目，每周四还要离开佛罗里达的住所，前往纽约去录制一档名为《赫卡比》的福克斯新闻节目。你无须赞同他的政治观点，也照样能看出这是一张令人精疲力竭的日程表，尤其是他还必须保证每周工作6天，因为他要在周六录制电视台的节目。于是我们不禁会问，这样的日程安排是如何运作起来的呢?

问题的答案就隐藏在星期天里。赫卡比说："在星期天，我基本上就是好好休息，并送给自己一点所谓的'麦克时光'。你瞧，这就像是参加一场马拉松比赛，你心里清楚终点线就在那儿，而且会遥想出那幅情景。在工作日的很多天里，我始终把星期天想象成一个容我喘口气的日子。因为那天我不会被人安排在谁谁谁的日程表里，也不必在特定的时段打开麦克风讲话。”每周，赫卡比都要乘坐班机于周六晚上7:45着陆，并在周日晚上录制一档名为《赫卡比报道》的简短新闻。根据他自己的说法：“从周六着陆到周日录制节目的这段时间，就是我精神‘充电’的时候。”

然而，赫卡比在“休闲”的日子里也绝对不会懒洋洋地无所事事。鉴于他“停工”的时间非常有限，所以他势必仔细考虑如何利用这段时间。他说：“我是一个非常有组织、有条理的人，几乎从来不会傻傻地坐在那儿看电视。”相反地，赫卡比另有计划。每周日早上，他6点起床，然后在靠背式自行车和椭圆训练机上进行锻炼，还同时阅读报纸（在单车上看纸质报纸；在椭圆机上读电子刊物）。随后他和妻子珍妮特一同前往“命运敬拜中心”（Destiny Worship Center），去参加10:45开始的礼拜活动。那里的音乐是现代风格的，牧师也非常了不起。据说你要是身着沙滩凉装的话，也完全没有问题。实际上赫卡比吃完午饭之后，的确会前去海边走一走。“这天气几乎是‘逼’我出来活动的，”他说，“我通常会在沙滩上面静坐一下午，就听听海鸥的歌唱和浪花拍岸的声音。”待到晚饭时分，家里常会有朋友应邀来做客，而且晚饭由赫卡比来掌勺，他承认自己乐在其中。晚饭的食物大多是放在烤炉架上烤熟的牛排或鱼，也可能是用电烤箱做出来的里脊肉或肋排骨。赫卡比说：“这真是十分美好的时光。”确实是这样，如果说工作日所涵盖的是他必须去做的事情，那么礼拜天就展现了他乐意去搞的活动。

等到赫卡比把“电”充满以后，他就会以神清气爽的姿态迎接星期一的到来。他感觉自己意气风发，时刻准备着应对这个世界的挑战。至于如何看待周末时光的问题，他给出了两个看似互相矛盾的观点。首先，你应该留一点时间给自己——坚持在每个安息日[①]里放松休息，在这个疯狂的世界里辟出一些空间来调整自己。其次，你要意识到这些休息时间是多么宝贵，不能纯粹地消磨过去。赫卡比建议：“千万不要在毫无安排的情况下去冒然休息，因为这样做的话你会浪费一整天的时间来思考到底要干什么。如果你想看某一本书，那就把它拿出来放在旁边，并制定一个阅读计划。这样一来，如果你计划在下午1点钟看书，那么到时候就可以翻开来看了，不用再等到下午的时候才去想要不要去看书呢？听一点音乐怎么样？或者出去逛一圈玩玩？结果你就坐在那里浪费掉一个钟头。要知道留给你琢磨的时间其实并不多。如果你想充分利用周末时间，那么就请你问自己这些问题，‘什么事情让我感觉真的很享受？什么事情能让我从日常事务中解脱出来并获得快乐？’然后再对自己说：‘嗯，这就是我要去做的事情。’等真的到了那一刻，请切记要坚守承诺，并暗暗地告诉自己：这是已经约定好了的事情，就像去医院看预约门诊，或是去公司上班一样。”

这就是所谓的周末悖论，正如赫卡比所说的那样：“立下一个约定，勇敢地逃避生活吧，就像你勇敢地重返生活一样。”

---

① 犹太教和基督教都纪念的一个节日，教徒在该日不能工作，必须休息。一般为每周六，也有一部分人认为是在星期天。——译者注

寻求重获新生的力量

这些年来，我通过查阅数百人的时间日志，得出结论，认为赫卡比说到了点子上。假设你为了避免工作电话连绵不绝地打入，不得不在半夜里关掉手机；假设你周一乘飞机出发，跨越了很多时区，直至周四回到家中时，一心只想着不要把自己生物钟弄得紊乱；再假设你在办公室里的时候，整个下午全部泡在了电子邮件里的唇枪舌战上。凡此种种，倘若你有这样一份压力巨大的工作，那么就会觉得自己好似一盏正在熄灭的油灯，唯一的区别仅在于周末的那几天而已。然而要想在这个充满竞争的世界里取得成功，你就必须以一种精力充沛、整装待发的姿态来迎战每一周。做到这一点的唯一途径就是打造一个有助于你重获新生的周末，而不是那种累人的或扫兴的休息日。

可是我们当中很多人都无法利用好自己的周末时间，就算是那些花了心思的人，也会感觉时间悄悄地从他们指缝中溜走，那几天很容易就全部淹没在家务事和跑腿活的汪洋大海之中。我们常常效率低下地查看电子邮箱，漫无目的地调着电视频道，陪孩子出去游玩简直就是一趟“死亡之旅”，因为这样的活动会把充当司机的家长们累个半死。如果你想打造那种有助于恢复元气的周末，那么就要用不寻常的方式来思考和看待，有时候还要避免临时拍脑门的做法。总之，我们要用战略性的眼光来看待周末时间。

接下来就是周末究竟有多长的问题。要想更好地利用周末时间，一方面，先要领悟一个看似矛盾的概念：周末本身是可以延伸扩展的，但又并非是无穷无尽的。虽然赫卡比这类人每个星期工作6天，可是在我们大多数人的眼里，周末是要包括星期六和星期日。然而实际上，周末比这还要稍微长一些。从你周五傍晚6点打开啤酒罐开始，一直到周一早上6点闹钟铃响之时，你的周末总共有60个小时。在一周168个小时的总量里面，这算是一个尚可的比重。就算用掉24小时的睡眠时间，那你还有36个小时可以用来“重获新生”。这个数字几乎相当于全职工作的一周总工时——从这个角度看待问题大有裨益，这是一个值得效仿的心态。试想一下，随便去找一份每周要求干满36小时的工作，你都免不了会去费心考虑“工作如何做”“干出什么成绩”之类的问题。

而另一方面，虽然这整整60个小时颇为漫长，但它所涵盖的时间并不是无限的。在你的孩子长大成人之前，你能够照料他（或她）的周末不会超过1000个。更何况那些完美周末“浓缩”了整个季节的精华，它们同你的记忆紧密地交织在一起，这会让你愈发觉得光阴如梭。我居住在美国东北部地区，每到秋天，树林里枝繁叶茂、姹紫嫣红。然而，此番好景只能维持三个星期，之后冬季的寒风会把树叶刮个干净。倘若你能活到80岁，其实也只有240个周末可以观赏到火红的枫叶，而且你大概也只能记得其中的八九分而已。对于这些有限的周末而言，不管你有没有考虑如何度过，它们一样都会随着时光而流逝。你的周末看似一个接着一个，而且下一个似乎永远是更加轻松惬意、更加好玩刺激的，然而实际上时间绝不是取之不尽、用之不竭的。

一流成功人士明白，同工作日比起来，周末那几天值得你投入更多的关注。每一个星期都是上天赐予的新机会，让你把自己的小日子过得更开心、更有新意。那么你是如何“重获新生”的呢？长久以来（或者说有生以来），你是如何安排周末时光并发挥其作用的呢？这正是本书当前部分的主题。要想找到这些问题的答案，我们必须在以下一个常见的问题上做出独特的思考才行。

“这个周末我们干什么？”

如果你家里的情况和我家差不多的话，那么在周五悄悄到来之前，你一般不会去思考周末要干点什么。有时候这个问题甚至会等到周六早晨爬起来的时候才会提及。如果你在整个一周里都被交通问题所困扰，或者一直在各路航班上做“空中飞人”的话，那么你大概会说：“我什么事情也不想做。”

这种回答确实颇有吸引力。我们会憧憬自己穿着睡衣，在家里悠然自得，或者就像约翰·济慈（John Keats）的诗歌《怠惰颂》里所写的那样，“安详地躺在花草丛中。”这的确是一幅非常诱人的画面。可是你要知道，济慈本人是没有小孩的，而且当时根本还没有发明电视和网络。然而在如今这个纷繁复杂的世界里，我们每时每刻都经受着电子产品的挑逗，可自主支配的时间恐怕都被它们占据了。在济慈那个年代，“什么也不做”意味着仰头眺望蓝天白云。现如今“什么也不做”却意味着花费好几个钟头窝在沙发上观看那些自己根本不想看的电视，浏览那些本没有打算要去浏览的网页，或者是漫不经心地查看一封封电子邮件。加州大学洛杉矶分校（UCLA）的家庭生活研究中心搞过一项最新研究，该研究发现，在洛杉矶中产阶级双职工家庭中，人们每周在屋后庭院里休闲的时间不超过15分钟。要知道这些人都是有空余时间的，而且每周绝对超过15分钟。这些人享受着怡人的天气，拥有漂亮的庭院摆设，可就是不把它们利用起来。在这个实时互联的世界里，就算是东游西荡也需要有意识地去挑选时间。因为不管你事先有没有做好安排，时间最终总是会被填满的。倘若我们不去做一些取舍的话，到头来我们的时间会花得很不值得，远远低于之前的预期。

如果你家里有孩子，那么这种残酷的现实就更加明显了。在我家，就算是“什么也不做”，我仍然需要照看三个不到6岁的孩子。全职在家的大人们绝对不敢妄想自己真的可以在整个一周里什么事情也不用做。我们之所以要陪孩子走出去交朋友或者报名参加艺术兴趣班，其中很大一个动机就是：待在家里和孩子们斗嘴累得很，还不如找些事情来分散他们的精力——最好是大人和小孩都喜欢的活动。

这些例子都告诉了我们，赫卡比所强调的“安排”二字确实是值得考虑的。由此我们可以引出两个决策方案：首先，请选择其他形式的活动；其次，请尽情拥抱你心目中的未来。这二者共同发挥作用，就可以打造出完美的周末，让你能够“重获新生”，并以良好的精神面貌迎接下个星期的挑战。

选择替代性活动方式

周末应当不同于工作日，因为你需要时间来休息。泰德·迪瓦恩是Insureon公司的现任CEO，也曾担任过怡安再保险经纪公司（Aon Re）的CEO。他在周末的日子里执教一支青年冰球队。他将周末休息和冰球运动做了一个类比："你需要在冰面上拼命冲刺一分半钟，然后休息双脚。如果你不这么做的话，那么下一轮就基本上不能再打了。"但是我认为，这两者最为贴切的相似之处在于"主动休息"或者叫"轮替训练"的概念，毕竟迪瓦恩在周末那几天是去训练球队，而不是懒洋洋地坐在冷板凳上！

在我自己的业余运动生涯里，2010年4月我报名参加了大苏尔国际马拉松赛（Big Sur Marathon），当时我就已经发现了"轮替训练"的好处。我在2009年9月下旬怀上了一个孩子，在后来的日子里经历了怀孕和分娩的过程。毫无疑问，在产前三个月和产后重新跑步的第一周里，我所跑过的里程数比普遍流行的训练计划要少得多。我心里清楚，突然增加太多里程数，会导致胫骨骨膜炎、膝盖损伤和跟腱炎。要知道跟腱炎在"准马拉松运动者"群体里是非常普遍的。幸运的是，我不经意间发现了一本名叫《跑得少一些，跑得快一些》（*Runner's World：Run Less，Run faster*）的训练书籍，该书作者比尔·皮尔斯、斯科特·穆尔和雷·莫斯提倡训练者应该跳过这些"垃圾里程数"，用骑自行车、游泳，以及其他运动方式取而代之。书中这样写道："如果跑步是你唯一的锻炼方式，那么同一部位的肌肉就会始终保持高度紧绷，这样更容易造成肌肉劳损。'轮替训练'能实现大运动量的循环训练，而且不会过度使用某个特定的肌肉群……'轮替训练'有助于避免让你产生枯燥情绪，也不会使你感觉精疲力竭，它可以让你对健身训练保持高昂的激情。"我每周跑步的里程从来不会超过35英里，但我完全可以轻松地跑完一场马拉松，并且还能够在第二天和家人一起出去越野踏青。就跑步这一项运动而言，与其坐在沙发上休息或是继续一个劲地跑下去，倒不如去尝试一下"轮替训练"。同样道理，与其在家无所事事或者拼命加班干活，还不如去选择一项别的事情来干，比如健身锻炼、创意型兴趣爱好、手把手教孩子做东西、参加志愿者服务等。它们能够使你保持饱满的激情，帮助你应对下一周的挑战。阿纳托尔·法郎士[①]曾经写道："如果人们想从手头的劳作中解脱出来的话，那么只有着手去做另一件事情才行。除此之外别无他法，此乃造物使然。"

《纽约时报》上曾经刊登过一则有关纽约名士的名为"我的周日习惯"的系列报道，其中渗透了"轮替做事"这一概念主题。根据建筑师拉菲尔·比尼奥利在2011年11月13日那份报纸上的自我介绍，他在星期天会拿出好几个小时来弹奏钢琴。他说："弹钢琴是我唯一的嗜好，它对我来说是必做的事项。唯有在弹钢琴的时候，我才可以与外部世界完全隔离，同我的音乐心灵相通。"

时尚名厨马库斯·塞缪尔森在他的自我介绍中谈到，自己会在每个周末的时候同几个瑞典移民相约于中国城，然后一起去踢

① 阿纳托尔·法郎士，Anatole France，著名法国小说家，1921年诺贝尔文学奖获得者。——译者注

足球。“与其说是踢足球，倒不如讲是和相同文化背景的朋友们一起聚会，”他对《纽约时报》的记者说，“当我在球场上驰骋的时候，感觉自由自在，想怎么来就怎么来。这是一种释放压力的方式，可以让我尽情吐露那些平时在厨房里不能说的话。”在无球可踢的时候，塞缪尔森就在中央公园里跑上大约6英里。“我在跑步的时候，脑子里想的全部是如何做菜。”他说。相比闷在拥挤的厨房而言，一个人在空气清新的小径上跑步的时候更容易萌发出新颖的烹调创意。这一点其实无须我多言，想必谁都知道。

纸莎草（Papyrus）办公用品公司的CEO多米尼克·舒尔曼把健身锻炼看作一项工作职责，因为它可以让我们对一个问题产生别样的思考方式。她曾经告诉我说：“健身锻炼能够帮我释放压力，理清头绪。在锻炼的过程中，我可以获得很多灵感。”她一直坚持长跑、长距离游泳和盆栽园艺，并将这些身体活动称为自己的“创意来源”，正如她所说的：“我喜欢把东西摆放在一起，将它们搭配得漂漂亮亮的。”她把一个个花盆移来移去，研究用不同的方式来搭配色彩和层次，这就如同她在工作中指示自己的名片设计师如何去实施一样。“我在工作的时候就从事这类活动，也很喜欢这种感官上的享受，”她说，“做这些事情能够让我的身心放松下来。”

当然，我们有时之所以会觉得肢体运动很有魅力，是因为我们在工作的时候无法用同样的方式来思考问题。这里有一个例子，比如比尔·麦高恩，他是一名电视台记者，曾经凭借自己的新闻报道两度荣获艾美奖。他自称是一名“砍柴人”。五年以前，他和妻子举家迁至纽约州韦斯切斯特县哈德逊河畔。那是一片森林茂密的土地，在那里他砍下了不少树木。麦高恩说："我喜欢把直径两到三英尺粗的树木砍下来当作柴火烧。"如今他所克服的挑战与朝九晚五的上班工作迥然不同。根据他的说法，这不仅仅是一种很好的体育锻炼，而且是一次不可思议的心灵体验。

尽情拥抱未来

弹钢琴、踢足球、砍伐树木等活动都可以顺其自然地发生，然而对于那些最为忙碌的人来说，赫卡比的想法才是正确的。你需要给自己立下一个约定，就像勇敢地面对生活那样去勇敢地逃避生活。举个例子，如果你有一个三岁大的孩子，而你很想去砍树的话，那么就需要确保有人来帮你照看孩子，以免小宝贝私自跑过来帮倒忙。你先要仔细考虑一整天的计划，然后和你的爱人或者其他人商量一下，请别人过来帮忙。哪怕就是把他看管在电视机前也好，只要别在锋利的斧子旁边瞎胡闹就行；如果你和朋友们相约踢足球的话，那么你们必须说好碰头的时间和地点，即便这已经是一项传统活动。MoveOn.org和MomsRising.org网站的创始人之一琼·布莱兹每周日都要去踢足球。她告诉我说："30年前，我和我的先生韦斯就是在这个球场上邂逅的，如今有些队员已经都六十多岁了，而有些则是新来的小朋友。这是一项非常有意思的运动！"当然，这项运动也同样有规定的时间和地点；连续弹几个小时的钢琴意味着你不能在这个时点上给同样忙碌的客户打电话，也不能去查阅冗长的工作计划；找个好餐馆吃饭常常需要事先预定座位；为人父母者都知道，周六当天是不可能找到夜间保姆的；如果你去做礼拜的话，就必须准时起床并穿戴整齐。要是你在周末那天还没有想好到底要干什么的话，恐怕就要屈从于“我很累”这种借口了。你会把自己锁在屋子里，不做任何有意义的事情，哪怕是一些可以从中汲取能量的事情。

现在让我们来探究周末这几天的奥秘吧。我发现人们普遍抵触这样一种说法：要想过好周末，好的计划必不可少。其实这里所指的“计划”并不需要精确到分分秒秒，也不必是一张详尽记录着细枝末节的Excel表格。你只需要事先粗略地填上几条主要活动即可。有研究确实曾发现，一个人要是跳过计划环节的话，那么就等于掐断了自己的快乐源泉。

哈佛大学心理学教授丹尼尔·吉尔伯特曾在他2006年出版的《哈佛幸福课》[①]（*Stumbling on Happiness*）一书中谈到过这种现象。他写道：“人类的大脑可以想象出那些现实生活中并不存在的事物和情节，这就是它的最伟大之处。大脑额叶——即人类大脑里最晚进化完成的部分，也是最晚发育成熟却最早开始衰老的部分——像一台‘时间机器’，它能让我们暂时超然于当前的现实，感受到尚未发生的将来。”

这种前往未来的时间遨游，其实也就是人们所熟知的“期待”二字，它促使我们能够从任何事情中汲取大量的愉悦和快感。当

---

① 此书2007年版中文译名为直译名《撞上快乐》。

你期待一件即将发生的好事时，你会感受到几分身临其境的喜悦。不仅如此，同那种届时才会感受到的心情相比，这种喜悦所能持续的时间更长。让我们回想一下每年圣诞节早晨打开礼物的“家庭盛典”。虽然它实际上一般不会超过1个小时，但是一想到自己可以在圣诞树下打开礼物，我们心中那份期待之情却可以延续好几个礼拜。有几名荷兰学者做过一项研究，并将其发表于2010年的《生活质量的应用研究》（*Applied Research in Quality of Life*）期刊上。研究指出，外出度假的人要比闷在家里的人更加快乐。这项结论原本是平淡无奇的，然而令人眼前一亮的是，它同时还提到了幸福感上升的时机问题。当外出游玩归来时，人们仍然沉浸在旅途的喜悦之中，这时的幸福感不会有显著提升；甚至在旅行的过程中，幸福感也不会发生明显变化。因为那种喜悦总是伴随着长途颠簸的种种压力，比如时差和胃痛的困扰。另外，乘务人员还常常用高分贝大喇叭胡喊一通，让你根本无法听清他在说些什么。实际上，幸福感在旅行之前就已经明显提升了，它可以追溯到整整两个月以前，就是在你憧憬美好旅行的时候。就算你当时正堵在路上，就算外面大雨磅礴，请遥想这样一副惬意的画面：一杯清爽的饮料上插一把迷人的小纸伞。这么一来，立刻就给你的心情放了一个“小长假”。

从某种程度上说，人们在潜意识里都明白这个道理。吉尔伯特的一项研究报告里提到过这么一个案例。某些人被告知自己赢得了一顿免费晚餐，地点就在一家高端大气上档次的法国餐厅里。别人问他们打算什么时候去赴宴，大多数人并不想立即就过去。

他们一般会等待一个星期或更长的时间。因为他们喜欢这种期待的感觉，而且想充分地享受其中。实际上，赴宴本身一般不会是百分之百的纯粹享受。在心爱的乐队表演到一半的时候，你可能需要溜出去上厕所；剧场里的空调或许会开得很足，搞得你在谢幕的时候冻得手脚冰凉。然而在那些你所“期待”的场景里，这一切都不会发生。请给你的周末安排几项主要活动，这样就能保证自己过得开心。就算眼下的一切都糟糕透顶，你仍然可以从那份“期待”中获得些许慰藉。虽然我也希望凡事都可以顺其自然地发生，并且届时也会欣然接受，但是我不能把快乐完全寄托在这种机缘巧合之上。如果你拖到周六早上才去安排如何过周末的话，那么你就会耗费大量时间来梳理头绪，而不是期待那份快乐降临。如果你在毫无准备的情况下迎接周末，那么就意味着你无法去做那些想做的事情。你会和家人一起坐下来商量，并在这个讨论过程中耗费很多精力；你会很晚才开始行动，当你到达博物馆的时候，还有一个钟头就要关门打烊了；你最中意的餐厅会被预订满员。或许你可能人品爆发，奇迹般地在周六晚上订到了座位，并且享用到了香煎扇贝。可是请你想想看，如果你对此早有预料的话，前几天该会有多高兴！

我是一个善于组织筹划的人，所以对于我来说，这基本上是直觉引导下的本能。可是每当我建议别人提早至少一到两天去规划周末时，他们总是向我埋怨，并且一个劲地发牢骚。首先，有相当一部分人干脆不接受“规划休闲时光”这个概念。我估计这（基本上）是由于他们误解了我的话。一位网友曾经在我博客上这样评论："不是每个人都喜欢把一年四季的每一天、每一个小时都安排得满满当当的。"其实我也不想把每一个钟头都塞满。倘若你真的严丝合缝地恪守时间表，并且凡事都提前15分钟安排妥当，甚至连周末也不放过的话，那么你的生活会变得十分枯燥乏味。但是"排满每一分钟"和"不做任何安排"之间还是有本质的区别，这两种选择都是偏激的、错误的。从周五晚上开始喝酒到周一早晨闹铃响起时，总的时间跨度为60个小时。在这段时间里，安排三到五项活动应该是一个不错的折中方案。在你醒着活动的36个小时里，每项活动花费3个小时，也就是总共占用了9小时，于是就留下很多时间可以让你坐下来喝两杯了。当然，前提是你家没有三个小孩；如果膝下有子的话，那就看看动画片《花园小子》（*The Backyardigans*）吧。

其次，我觉得大家对于"计划"二字有一种根深蒂固的陈旧观念，总觉得那是一些不想做的事情。其实，我所建议的"计划"恰恰是让你去谋划那些你想做的事情。要知道，把车子送去检修算不上什么主要活动，除非你平时收藏老爷车，并且还有一群铁哥们儿每周六早上和你一起摆弄这些老古董。另外，我几乎从来没有听到过费城人队[①]的球迷会这么说："嗨，伙计，这个周末我又得去看比赛了，真希望可以什么事都不用做。"实际上，像看球赛这类事情才算得上是一项货真价实的活动。我们的耐心都不是太好，无法忍受长期"苦行僧"一般的生活。就像一位读者告诉

---

① 费城人队是一支美国职业棒球大联盟球队，位于宾夕法尼亚州费城。——译者注

我的那样："周末是很宝贵的，我们要懂得享受，应该活在当下。"当你提前安排好有意思的活动时，那份快乐也就随之放大升级了。

一流成功人士是如何规划周末的

"100个梦想"清单

请你先把那张梦想清单记在心里，然后弄清楚一个更为具体的问题：这个周末到底干什么？等一等，或许应该换句话说：你希望自己如何更好地利用闲暇时光？

虽然我们对此都有一个大致的概念，但是一张实实在在的优质清单会更加明朗一些。在我的第一本时间管理书《168个小时》里，我曾建议读者去编制一张"100个梦想"清单。这个方法是职业规划师卡罗琳·塞尼萨-莱文分享给我的。这张清单可以提醒你，帮你想到任何此生想做的事情或想要拥有的东西。当我在讲习班里让学员们尝试制作这张单子的时候，学员们首先想到的梦想难免都是"去埃及看金字塔"之类的事情。然而我这里所讨论的100个梦想，最好是一些日常生活中的"快乐源泉"，它们通常会是非常理想的周末活动。在这个星期六和星期天里，你肯定不可能应邀前往卢浮宫去接受艾伦·杜卡斯[①]的宴请。但是你可以把小宝贝放在儿童车里，跑到乡间集市上，然后陪他们尽情地玩耍。你可

① 法国名厨，在世界各地开有餐厅。——译者注

以站在他们旁边，品尝那种个头很大、样子很可爱的奶昔。请顺着这个思路想下去，直到列出一长串可行的梦想为止。除此以外，你不妨把这些事情看成“一揽子”清单，集中关注那些距家方圆两小时车程之内可以从事的活动。

以下这些条目摘自我本人最新的“100个梦想”清单：

- 到宾夕法尼亚州利哈伊峡谷公园（Lehigh Gorge State Park）去，在吉姆·索普[1]的足迹到过的地方骑单车。
- 到新泽西五月岬（Cape May）附近的海滩吃龙虾。
- 到福吉谷古战场（Valley Forge battlefield）上长跑一次（或带着孩子在那里骑车）。
- 周五晚上去费城美术馆（Philadelphia Museum of Art）感受一下艺术的氛围。
- 搜索在查氏点评[2]上获得23分及以上的餐馆，挑选其中的任意一家就餐。
- 在我家周围区域跑步40分钟。
- 听一场水准上乘的合唱音乐会。
- 和孩子们一起摘苹果或采草莓。
- 请丈夫给我烤一块牛排。
- 邀请朋友过来一起吃夏日晚餐，然后在游泳池里泡一会儿。
- 春天时节，树木枝繁叶茂，看上去像一颗颗棉花糖。趁着

---

① 美国全能运动员。——译者注

② Zagat，又名萨加特点评，早年由萨加特夫妇创办，专门收集消费者对全球酒店、餐厅、购物和其他场所的评价，类似于大众点评网。——译者注

周末的日子，前往长木公园（Longwood Gardens）游玩。

那么，你的“100个梦想”清单上有哪些活动呢？

设定主要事项

在你开始制作清单的同时，请征求一下爱人和孩子们的意见，或者去问问其他与你一起过周末的人，让他们来帮你携手制作这张单子，并不断充实它的内容。如果你暂时理不出头绪来，不妨前往图书馆找找，翻阅几本介绍你所在城市的旅游书籍。还有一点，请根据你自己的实际需要，放心大胆地修改清单。一旦你尝试了某种具体活动，比如采摘了一辈子也吃不完的草莓，那么你完全可以自由决定是否再继续下去了。请把清单保存在经常可以触摸到的地方。假如一切进展顺利的话，当你和同游者在周末之前商量完毕以后，就可以把这些项目从清单上划去了，然后再加入一些你最近想到的新项目，并把它们安插在如下所示的主要时段里：

- 星期五晚上
- 星期六白天
- 星期六晚上
- 星期日白天
- 星期日晚上

这种坐下来安排活动的“碰头会”要多好玩就有多好玩。一位平日里很忙碌的女士告诉我，每逢星期五来临，她就会和丈夫依偎在沙发上，夫妻两人一边抿着小酒，一边规划着周末的生活。他们讨论着明天搞什么活动（还喝着啤酒），这一幕更像是在聊天，而不是处理家务事。

你可以随心所欲地把计划安排得非常松散。举一个例子，“和琼、鲍伯一起在海滩吃饭”就是一个非常完美的主意。你们可以先集合起来，随后一同散步，沿途浏览几家餐厅，然后挑一家最有意思的进去。安德烈·威廉是一名质控专员，任职于一家名叫Epic的医疗软件开发公司，她去年大学毕业后就搬到了威斯康星州的麦迪逊市。该市一直被评为全美国最适合年轻人居住的城市之一，而她也尝试尽量利用好这座城市的方方面面。她说：“我喜欢把事情安排得松散一些，这样就可以有更多的自由时间来做各种各样的事情了。我不愿意在这座城市里浪费时间。我不想在我哪天离开麦迪逊去寻找新生活时，回头望一望说‘哦，我要是去过那儿就好了’，或者说‘我一直没空去做那件事情’。”在每周五晚上，她会和闺蜜们结伴同行，一起去各家餐厅和酒吧玩耍。星期六上午她待在家里上几节在线课程，下午出去打排球，晚上前往市里的各大文娱中心看演出。她说：“对于一个喜欢出去走走玩玩的人来说，星期天非常适合邀三五个好友出去参加一些比较冷门的活动，比如踏青远足、骑单车，以及诸如此类的项目。”

即便是“合家出行”这种的活动，也可以拿来作为一个计划项目来实施。仅仅是知道自己下午要带孩子出门这一点，就可以将其加入到一天的日程中去。劳拉·欧文德克是“睡前学数学”（Bedtime Math）项目的创始人，同时也是新泽西自由科学中心的董事。她常常带自己的三个孩子出去玩。“每一次出游的目的地都各不相同，而且通常都是大家突发奇想的结果，”她说，“我们最喜欢去的地方是自由科学中心。在春秋时节，如果一觉醒来天气还算不错的话，我们就去海边挖挖沙子，或者一起去摘苹果，采樱桃。我们还会去爷爷奶奶家陪他们聊天，因为他们恰巧就住在附近。”

这三到五项主要活动可以是你喜欢做的任何事情，不过有些调查研究给出了几条最佳搭配建议。赫卡比的周末时间都花在了骑车、做礼拜，以及邀好友吃饭上，结果表明这种组合模式所产生的幸福感回报是最高的。2004年，《科学》杂志上有一项针对得克萨斯州在职妇女的研究。该研究给出了一张图表，详细列示了她们在一天中所经历的幸福感变化情况。除了一些明显让人愉悦的活动比如吃饭、休闲、性爱（这些都是非常适合在周末做的活动）以外，研究者发现这些女人在健身、冥想和社交的时候是最快乐的。那么你为什么不从这三项里面瞄准一项去做呢？你甚至还可以把它们组合起来一起搞。劳丽·马雷罗是家庭收纳清理公司的创始人，她告诉我说：“我周末会做很多事情，其中一项就是和闺蜜们在一起‘边走边聊’，以此来互通有无，增进感情。星期天早上，我同闺蜜在某条小路上碰头，然后一起散步一个半小时左右。这是健身锻炼，也是八卦聊天，而且并非是那种俗套的‘让我们去吃完饭、喝咖啡’之类的活动。我无须化妆，这让我倍感放松。”

以下是另外一些非常不错的周末案例：

周末安排例一：

- 星期五晚上：邀请朋友过来疯一晚
- 星期六白天：全家人去海边沙滩上游玩
- 星期六晚上：携家人一同前往心仪已久的海边餐馆，一起享用家庭晚餐
- 星期天白天：去教堂做礼拜
- 星期天晚上：在家附近悠闲地散步

周末安排例二：

- 星期五晚上：和朋友们一起去酒吧唱卡拉OK
- 星期六白天：去救济处做一天志愿者
- 星期六晚上：去听一场公园露天音乐会
- 星期天白天：长跑至当地的农贸市场，再乘公共汽车回来
- 星期天晚上：参加瑜伽课程

周末安排例三：

- 星期五晚上：吃饭、看电影
- 星期六白天：和朋友们一起去踏青远足
- 星期六晚上：生日派对
- 星期天白天：冥想禅修时间
- 星期天晚上：在街头夜市吃晚饭、跳舞

周末安排例四：

- 星期五晚上：骑单车，然后去吃冰激凌
- 星期六白天：一边看足球比赛，一边吃野餐
- 星期六晚上：和邻居们一起搞野炊
- 星期天白天：去动物园游玩
- 星期天晚上：全家一起做志愿者服务，去当地的公园帮忙打扫卫生

成功周末的六大秘诀

在你制订计划的时候，请牢记以下几个要点：

1. 深度挖掘。你可能已经有多年没碰过某项活动了，但这并不意味着不可以将其纳入“100个梦想”清单里。有些事情或许自孩童时代以来就再也没有做过，但它同样也可以成为周末的常规组成部分。有位读者曾经告诉我，她和丈夫两人决定去报一门周六上午开课的钢琴班。现在他俩的课程时段同十几岁儿子的课程“背靠背”紧挨着。如果父母也去上课的话，就更容易督促孩子用功练习了。有时候我们过于在意孩子的日程，却忽略了自己的安排。

2. 利用好你的早晨时间。周末的早晨常常是被我们浪费掉的，其实这段时间很适合去做那些个人追求的事情。如果你正在练习马拉松长跑的话，与其在白天的时候训练，倒不如早一点起床练习4个小时，这样就不会打扰家人了。不仅如此，早起也能够防止

你晚上熬夜，总之这是一个很不错的主意。

3. 形成家庭传统。幸福的家庭总是拥有一些特别的周末活动，它们能让每个人都乐此不彼，而且不用每次都事先安排好。你可以在周六早上摊煎饼，也可以领着全家走到教堂做礼拜。反正不管是什么活动，请把它培养成一项家庭传统，这些习惯会变成所有家庭成员的美好记忆。除此以外，舒心愉悦的习惯还可以提升你的幸福感指数。

4. 腾出休息时间。杰斯·莱希是新罕布什尔州的一名教师兼作家。在她自己家里，每天下午1点到3点之间的时段是正式的午休时间。她的孩子们尚未长到青春期，都还处在少年儿童阶段，但也不属于那种姗姗学步的小宝宝，所以午睡对于他们而言也不是绝对必需的。每逢那个时点，孩子们的"屏幕时间"[①]就暂告一段落了。他们围坐在一起做游戏、看电影、读小人书。家里所有人都把手机关闭，莱希和丈夫上楼关好房门，静心地阅读一会儿，然后就进入了梦乡。"午睡总是那么的香甜，这种深度睡眠总让我在醒来的时候感觉精神恍惚，"她说，"可是一旦等我恢复了意识，我就会立刻从床上跳下来，精神饱满地跑到草坪上除草，或者是开始着手准备晚饭。"

5. 花点时间做一番探索。对于那些凡事喜欢顺其自然的人来说，像健身跑、散步、骑单车这类活动计划随时都有可能被他们

① 屏幕时间，screen time，是近年来的新名词，随着电子设备的日新月异，孩子们常会沉迷于电脑、手机、平板等带有屏幕的高科技应用设备，欧美很多家庭都设有"非屏幕时间"，以保证孩子的正常社交和文娱活动。——译者注

抛弃。然而，要是你选择了理想的活动区域，那么以上任何一次出行都有可能成为一次趣味探险。所以请你好好地利用周末时间，出去扩展一下自己的活动路线吧。

6. 给你的周日晚上安排一些有趣的活动。这大概是整本书里最重要的一条建议。星期一早晨有各种压力等待着你，就算你非常热爱自己的工作，也照样会被它们搞得焦虑不安；要是你本来就讨厌这个行当，那么随着时间无情地奔向明天，这种焦虑感就会愈演愈烈，最终变成典型的“周日夜晚忧郁症”。于是乎，你将对自己的人生不知所措，你甚至会质问苍天，所有的这一切到底有何意义。

倘若你正在问这种哲学上的存在性问题，那么此时此刻就是你必须做出改变的时候了。就算你一想到交通问题就心情郁闷，那也没有什么大不了的，请给星期天晚上安排一些有趣的活动吧，这样做可以帮助你对抗“周日夜晚忧郁症”，还能帮助你“延长”周末时光，并把你的注意力转移到那些即将发生的活动上，避免你总想着星期一早晨会是哪般光景。

凯特琳·安德鲁斯是一名图书馆管理员，她把这种高调结束周末的做法称为一项“必修课”。每周日她的家族成员都会聚集起来享用晚餐，并由各家轮换主办。“东道主家庭负责准备主食，而其他人家则会带来一些辅食——比如一盘开胃菜、一瓶葡萄酒、一小碟配菜、几份甜点什么的。每逢我负责烧饭和事后打扫工作时，就会感到些许压力，”她告诉我说，“不过我并没有在这上面花费太多时间，丈夫会帮我一起弄。另外，每当我们负责准备主食的时候，总能找到一些这个礼拜尚未吃完的食物。所以这项活动其实只占用了几个钟头而已。大家基本上在傍晚5:30聚集起来，然后在晚上八九点钟的时候回到自己家中。”在这个钟点，他们尚且用不着马上睡觉，还有大量的时间可以筹划明天的活动，并进行适当地放松。她在接下来的整个一周里都会期盼这个传统活动再次举行。按她自己的说法：“我们本来有可能患上‘周日夜晚忧郁症’，可是这样的活动分散了我的注意力，让我早把它抛到九霄云外去了。”

真人秀节目制作人艾丽莎·罗森曾经打造了很多系列节目，比如*Farm Kings*和*Curvy Girls*等。她在礼拜天傍晚6点的时候练习瑜伽。她说：“这对我而言是一项非常好的活动，能让我把一周积累下来的毒素全部通过汗液排出体外，以便我可以集中精力为下一周做准备。我就是这样‘重新启动’自己的。”她曾经坦言：“对于我来说，瑜伽起不了多少净化灵魂的作用，我只是在列一张心理上的清单而已。”尽管如此，它至少在每周一的鏖战到来之前，给了罗森一点值得期盼的东西。无独有偶，江湖人称“赤脚武仙”的时尚名厨伊娜·卡登也有着类似的感受。她习惯于在每周日傍晚6点钟的时候做保健按摩。在2012年7月1日的《纽约时报》上刊登了一则名为“我的周日习惯”的栏目。该栏目里有一篇关于卡登的个人简介提到，她的这个传统习惯自1985年开始，已经延续了整整27年。按照她本人的说法：“当时我觉得自己工作得实在是太辛苦了，某一天我对自己说，我没有享受够。于是我就做了两件事情：先买了一辆福特野马跑车，然后决定享受保健按摩。现在我的跑车已经不在身边了，但按摩师仍旧为我服务至今！”

你也可以去参加志愿者服务，这同样也是一个给周末收尾的好方法。你或许拥有体面的薪水和稳定的职位，但这常常也会带来很多烦恼。为不幸的穷人们做点事情吧，这样一来那些烦恼都会烟消云散的。在这个世界上，再也没有什么事情比这个更加具有治愈功效了。聪明的志愿者协调员都知道，对于大多数人来说，选择周日晚上来做志愿者比选择其他任何时段要容易得多。雅各布·李运营着东正教徒联合服务会驻加利福尼亚州橙县分会（FOCUS）。每个星期天的晚上，他的志愿者们都会前往当地一家汽车旅馆，给那些无家可归的人准备一些颇具餐馆风味的饭菜。“星期天晚上基本都是像死一般的寂静，”李说，“在星期六晚上，人们还有很多事情要做。而在星期天晚上的话……可以做什么？”每一个人都非常空闲，这就像奇迹一般。因此你可以招募到一支成分多元的志愿者队伍。不像在平时工作日里，志愿者清一色地全部是退休人员和家庭主妇。等到志愿者上完饭菜以后，随着夜幕慢慢落下，大家围坐在一起讲述各自的人生故事。“于是大伙儿都明白了为什么会落到这般田地。”李说。等到下一周的时候，每个人再次返回到各自的人生轨迹上。而在此之前，这就是一段沟通心灵的旅途。

尽量缩减必做事项

就算你给自己的周末安排好了三到五项主要活动，仍然还会留有大量的空余时间，那么应该如何将其利用好呢？当然，你可以选择放松自己，也可以凡事顺其自然，等到了时候再说。你还可以同孩子们一起玩耍，或懒洋洋地躺在草地上休息。可是那些必须做的事情怎么办呢？那些家务活和跑腿活由谁来干？怎么处理那些从单位里带回来赶制的工作？一流成功人士明白，最好的周末是由两部分组成的，一是自己喜爱的活动，二是尽可能少的其他事务。然而有三种常见的因素催生了周末的压力：家务事、孩子的事，以及那些从单位里带回来的工作。在本书的这个章节里，我们就来探究一下如何妥善地应对以上三点。

压缩你的家务事

如果你在办公室里闷了一个礼拜，或者在外头出差多日，那么周末的两天似乎就是一个补赶家务的好时机。可是我对此并不赞同。你的周末不应该只是围绕着家务事团团转。

我之所以要这么说，最主要的理由是：很多家务事会扩展延伸到你的可支配时间里去。拿采购食物和生活用品为例，有些物品（比如孩子的尿布）是不可或缺的，而有些东西则不然。当你的食品柜空空如也的时候，你大概会跑去店里买一包普普通通的早餐燕麦片。那么要是你不去购买呢？你完全可以打开冰箱，拿出一大包“好市多”（Costco）松饼来充饥，这样做估计也不至于饿死。很显然，吃的东西早晚是要去买的，然而在周四周五晚上出去购物才更有效率；如果你住在大城市外围的郊区，那么不妨在枯燥的电话会议过程中上网订购一些食物。这样一下子就搞定了，也不用牺牲你的周末时间。

相似的情况也发生在平时洗衣服上。我们基本上每个礼拜都会洗衣服，但其实没有必要那么频繁。我们有足够的衣服可以换洗，而且很多外套是可以重复穿着的，不用每次都清洗一遍。至于室内打扫卫生的事情，请把它们规定在一个弹性的框架内。卫生间可以每周打扫一次，厨房可以等到脏了再去清理，当然你也可以每天打扫一遍，保持室内一尘不染。凡此种种，归根结底都是一个选择偏好的问题（或者是雇用保姆的预算开支问题），而不是什么别的因素。如果你用工作日的时间代替周末来做家务事的话，或许就可以少花一些时间了——因为你没有那么多时间去做。那些从家务事中解脱出来的时间就可以被你用来做其他更有意义的事情。虽然任何选择一般都不会是非此即彼的，但是如果让你挑选到底是骑单车带孩子去远处游玩，还是待在家里花一整天的时间清理阁楼，那么我敢打包票，前者才是更好的方案。在《福音书》里耶稣给玛丽和玛莎讲过这样一个道理：陶冶情操比做饭、洗衣服更重要。同样的，当你的孩子从恶俗的中学舞会返回家中时，用心去安慰她要比在厨房水槽里清洗碗筷更为重要。

当周一即将来临的时候，望着空空荡荡的洗衣篮和干净整洁的地板，很多人都会产生一种成就感。我对此也颇为理解，这种舒畅的感觉就像是在下班之前心满意足地清空收件箱。还有一些人甚至告诉我，如果知道屋子里一团糟的话，他们就无法放松下来！请记住，对你而言最有价值的是：发展你的事业、增进你的人际关系，还有滋养你自己。很多显而易见并且易于评价的目标

（比如把食物采购清单上的事项划去）会把你的精力分散转移过去。所以说，家务活和周末两者之间最关键的要点是：千万不要把精力过多地集中在那些目标上。

或许只有一种方法可以解决以上问题。请你分配出一小段做家务的时间，它可以是周六晚上等待保姆上门的时候，也可以是周五晚上从饭后到看电影之前的一段时间。不管你做出何种选择，总之每当你看到肮脏的地板时，就应该知道自己已经安排好了打扫的时段，并且心里清楚现在还不到时候。请给做家务的时间拨出一块小小的天地，这样可以督促你把它们快点干完，然后回到有意思的活动上去。

重新考量孩子们的活动安排

孩子的活动日程表是压迫在我们头上的另一座大山。为人父母者常常抱怨说，其实他们也想好好利用自己的周末，可是所有的时间都扑在了孩子们的活动上。

就算术的角度而言，这种说法通常是不真实的。在周末，假设一个孩子玩4小时棒球，而另一个孩子游泳4小时，那么两者加起来的总数听上去确实满满当当。尽管在60个小时的周末里，你醒着的时间有36个小时，而这8小时的运动总时长还没有占到周末总时长的25%。这些活动之所以会看起来这么扎眼，是因为这些训练和游戏都是安排在特定的时间段里的，而且需要和其他人事先约定好。同样的现象还发生在电话会议上。相比你在寻找商业灵感上思考一小时而言，随便哪个电话会议都看似更加费时、更加重要。平心而论，其实前者才是你人生之中更为重大的优先事务。我曾在研讨会上告诫那些成年的听众们，叫他们腾出几个钟头的时间来处理工作上的首要任务（比如战略性思考或创意型工作）。这样一来，当务之急的事情就好像变成了承诺和约定，与那些耗时过久的电话会议无甚差别了。对于休闲活动来说，这同样也是一个好主意。在日程表里“4小时棒球运动”那一栏的旁边写上这样一句话：“我要在早晨8点钟沿着小河跑步6英里。”这么做就可以提醒你，除了孩子的活动之外，你的周末还有其他内容。它同时还能产生一个附加的效果：当一件事情被写下来并安排好的时候，就更容易兑现。

你也可以充分利用孩子们的活动，将他们的游戏转化为全家出游的旅行。走出去搞一次野餐吧，去认识一些其他孩子的家人，和他们攀谈交流一番。我之所以从不介意去参加那些为8岁以下小孩举办的生日派对，部分也是出于这个原因。让我们来正确地看待这个活动，当别人热情接待你的孩子时，这正是一个增进人际关系的契机。你可以尝试同其他家长“轮流拼车、换班驾驶”，如果你们双方都有一大帮孩子的话，这种尝试正好是与其他小孩单独相处的好机会，你甚至还可以仅仅坐在车里看书或思考问题。在线时间调度服务网站HATCHEDit.com的创始人之一克尔斯滕·比斯科夫说：“当星期天别人家的女儿在打网球时，我整日里就一直在阅读《时代》杂志。要不然的话，我会感觉自己仅仅充当了一名司机而已，白白浪费了相当多的时间，而我现在却依然可以在周末的日子里利用我的脑子。”

像这种过度安排孩子日程的案例已经遍布各大报纸的头条位置。尽管如此，某些针对孩童活动时间的研究却发现，这个现象其实有些小题大作。一个寻常孩童花在各种图像屏幕前的时间要远多于他花在游戏运动、兴趣爱好、宗教活动和学习功课上的时间。只有很小一部分的孩子会一天到晚始终参加各种类型的活动。不管怎么说，要是你感觉周末时间排得太满了，那么这个问题其实是可以解决的。请把周末活动精简一下，去从事那些亲子同乐的项目。当它渐渐地充实你的业余生活时，这种专注深入的活动会给你带来诸多乐趣。而其他种种漫无目的的尝试，只是隔靴搔痒而已，令你无法真正领悟到其中的精髓。

保留（“断电”）安息日的传统

至于周末时间被侵占问题，我总是会引用“安息日”——一个供人们休息的神圣日子——的概念。在为人熟知的圣经记载里，上帝用六天的时间创造了世界，然后在第七天里休息下来。他命令那群由摩西带领下的犹太人要“牢记安息日的传统，维护它的圣洁”。大量的宗教律法书籍都明确地规定了人们在安息日里可以做什么，不可以做什么。在普通大众的眼里，这也是衡量一个犹太教徒是否忠贞虔诚的标志。安息日的禁令中有一条是这样写的：在礼拜五日落到礼拜六日落之间的时段里，人们不可以工作，也不能驾车，还不允许用电，等等。

而基督徒们常常将犹太安息日的规定看作死板的墨守成规。《马可福音》的第2章第27节中记载，法利赛人向耶稣告状，说他的门徒在安息日里捡拾庄稼来果腹。随后耶稣就向法利赛人解释说："安息日是为人设立的。它服务于人，而不是人服务于它。"

我们对恪守戒律的反感情绪大概部分取决于我们对舒适程度的考量。与《出埃及记》中的世界观相比较，很多在戒律中禁止的事项（比如开车和购物）并没有什么不舒适的。《出埃及记》第23章第12节中记载着这样的规则，"在第七天里不允许工作，这样你家生养的牛和驴就可以得到休息，家中的奴隶和外乡人也能借此来恢复体力。"倘若有权势的人们相信，逼迫他们的"私人财产"永远劳作的话就会遭到上帝的审判，那么鉴于古代奴隶们所过的艰苦生活，这条戒律确实具有重大的社会意义。

从事高强度工作的人们大概会赞赏这种想法，因为它可以让你每周至少有一天不用干活，你无须信教也能看到其中的好处。或许安息日正是为人们设立的——而结果也证明，人们确实需要时间来恢复精力。在格雷琴·鲁宾的《幸福计划》博客上，作家约书亚·弗尔向她讲述了自己的幸福秘诀。他说："幸福的秘诀中有一条就是保持犹太人的安息日传统，可惜我18岁的时候没有做到这一点。每逢安息日的这24小时里，所有东西都要停歇下来，没有电子邮件，也不去碰手机。我不做任何事情，不弄坏任何东西。无论我的生活压力有多重，它们都会在周五晚上烟消云散。"

琳娜·萨克居住在多伦多，是一家知名会计师事务所的合伙人。她是一个正统的犹太人，恪守安息日的传统。"在业务旺季的时候，人们会一周工作七天，这在我所从事的行业里是司空见惯的事情，”她说，“这种情况会持续两三个月。在我刚踏出大学校园时，害怕对自己的高级经理说‘我不能在礼拜六上班’。这真的是一件难以做到的事情。”就像当年浪迹天涯的犹太人那样，尽管上天没有在第七天播撒“甘露”[①]，但是实际上他们也没有因此而饿死。正如琳娜所说：“我并没有耽误任何工作。恰恰相反，我完成的工作量比其他同事还要多。”她始终名列前茅，其个人努力使得她的工作搭档也比其他人要轻松很多。她认为这些成绩全部要归功于那些精简过的工作时间。“我在周五下午4:30就下班走人了，这点我自己心里明白。可是我并没有把时间白白浪费掉，虽然费时费力的麻烦事总是会不断出现，但是我坚信自己必须把任务做完，所以我就闪电般地快速集中注意力，全身心地投入到工作中去。而其他同事则不能保持这种状态，因为一个人无法每天12小时始终保持高度紧张，更不可能硬撑一个礼拜。因此，我的业绩排名上升了。于是我把这种做法确定为工作守则，规定每个人都必须在周末的时候休息一天。正因如此，我的团队总是在最优的状态下运作。他们都有释放压力的时间。”

在这一段时间内远离电脑、电话，以及种种工作压力，这样就可以为我们生活中的其他事情创造条件了。萨克的安息日不像是一个休息任务，倒更类似于我们先前提到过的“轮替训练”。在安息日里，人们举行礼拜活动，完了以后还可以同朋友们一起小

---

① 甘露，又称吗哪，《圣经》中犹太人在荒野流浪40年里上天赐予的粮食。——译者注

聚吃饭。为人父母者从来没有一段真正的休息时间，他们始终无法卸下抚养的重任。萨克有三个年龄很小的孩子，这就意味着即便是安息日当天，她也过不上安生日子。然而安息日也有它好的一面，当妈妈下班回家时，孩子们不会待在各自屋子里打电子游戏。24小时隔绝于现代科技之外，使得他们不得不围坐在一起玩耍。“安息日迫使你同配偶、亲友、孩子之间培育一种别样的新关系，”她说，“要是允许我使用那些电子设备的话，我可能会夜以继日地工作。我质问自己，上帝是否真的在乎我用不用黑莓手机呢？这时我会拿‘大概不会’这样的话语来搪塞过去。可现实却是，安息日的戒律强迫我生活在一个断电的环境里。那段歇息的时光帮助我在发展一份大事业的同时，还支撑起一个大家庭。”

在不玩数码设备的时候，你或许也曾想过要给周末腾出一段休息的时间，哪怕你不受宗教禁令的约束，不必停止正常的活动。许多成功人士在周末的日子里都会停止工作。然而我通过采访得知，人们为此付出了很多努力，这点让我感到震惊。哈什·帕特尔曾为“为美国人而教”组织服务了两年，当时他任职于芝加哥的一所PFC奥尔马·E.托雷斯特许学校。他告诉我说：“星期五下班回家以后，我什么事情也不干，因为我完全没有心思去做。但是后来我发现自己把周六上午的时间都浪费在了睡懒觉上面，于是我就开始早早地爬起来着手完成自己的工作，这样一来，我就可以在周六晚上和周日白天无忧无虑地做任何想做的事情了。这种方法让我能够心平气和地教完两年书。”

电视台记者比尔·麦高恩说：“在周末的日子里，我尽量避免每隔90分钟就去查看一次电子邮件。”如同帕特尔一样，麦高恩在周六早晨起床后也做一些其他事情。他说：“我为自己和妻子泡好咖啡，然后就在自家的门廊上享受美丽怡人的风景。我一般在早上7:30或8点钟的时候，带上咖啡和笔记本电脑，全身心地投入到工作中去，尽可能多地处理掉收件箱里的邮件。我按照自己所追求的全新商业理念，进行更富有创造性的思考。我抬高了视线，从屏幕上移开，看到一只啄木鸟。屋子外面微风习习，我试图营造一个惬意平和、恬静怡人的环境。要知道，时间并不是割裂的，因而这番怡人的景致也帮助了我，让我更好地完成了这一段90分钟的工作。我在短时间内快速地处理完了这些纠缠不清的工作，这样就可以彻底清除那些深深困扰我一周的唠叨和折磨。”（另外，麦高恩还把很多写好的电子邮件统统扔到草稿箱里，以免别人在当天晚些时候回复给他，然后再等待他的进一步回应。“我不想在意识里强化那个‘一周工作七天’的概念，”他说，“那些电子邮件全部会在下周一的清晨发出。”）

正如我们对待做家务的方法一样，请你把专业工作压缩到周末的一小段时间里，这样就可以在其余时候放松休息了。于是你心里清楚，工作自有时间去做，而现在还没到那个钟点。请把其余的时间调到为安息日模式。没有互联网的干扰，你或许可以涌现出不少好想法。我发现自己身处教堂的时候会萌发大量的灵感，虽然我并不是冲着它们才去教堂的，但是在这个噪杂的世界里，我们确实很少有机会可以像那样静静地站着一动也不动。那么，这种“断电生活”所面临的主要挑战是什么呢？在智能机流行的时代，我们的手机都附带收件箱的功能。或许你会随身携带手机，这样一来，你十几岁大的孩子就可以打电话给你，让你开车到他/她朋友家来接他/她了。可是一旦你有了这个设备，就随时可以看到收件箱里是否有新消息。这会让人很想去匆匆地瞄上一眼——于是你就破戒了。那么有什么便捷的诀窍可以应对呢？如果你发现自己“一心向佛而肉身脆弱”的话，那么就将收件箱的图标隐藏起来吧，善哉。

如何赢在新的一周

在前面阐述如何合理规划周末的章节里，我们已经讨论过了给周日夜晚安排有益活动的重要性。它可以延长你的周末时间，把注意力集中到即将体验的快乐上，而不是纠结于周一早上所要面临的压力。

或许你刚刚送走应邀赴宴的好友，或许像雅各布·李那样去汽车旅馆尽完义务回家，或许和“赤脚武仙”一样做完按摩返回住所。不管怎样，为了确保周末的良好状态，你还需要再做一件事：请抽出至少几分钟的时间来规划一下未来新的一周，不仅要计划那些非做不可的事务，而且要安排几项你想要去做的活动。

在《高效能人士的七个习惯》（*The 7 Habits of Highly Effective People*）一书中，已故的作者史蒂芬·柯维称其为“要事第一”原则。他提出了一种生活习惯，建议读者去思考哪些角色对自己来说是至关重要的。以我自己为例吧，我的身份兼有作家、妻子、母亲、长跑者、挚友，等等，我还义务担当了“青年组约人”合唱团的董事会主席。如果你的角色清单越列越臃肿，越写越模糊的话，请把它们压缩到三个大类里边：事业、人际和自身（包括健身锻炼、兴趣爱好，以及任何触动你心灵的东西）。然后在每个大类里想出两到三个优先项目来，确保它们全部是在接下来168个小时里要去做的事情。先把这些优先项目一并纳入日程表里，一旦你照此实施了，就很容易看出一些眉目来。请先将总共六到九个优先项目放入一周168个小时当中去，这么做仍然可以留下很多可支配的时间余地。如果你把这些项目悉数完成了，那么你就拥有了令人惊叹的一周。

弗兰克·巴克斯特曾担任杰富瑞投资银行的CEO和美国驻乌拉圭大使。在大多数工作周里，他坚持执行柯维所倡导的“要事第一”原则，并形容它是“无价之宝”。每逢星期天，他都会坐下来查看日程表，把接下来的时段划分出轻重缓急，并预留出一些空间来灵活应对各种突如其来的意外事件。

同样地，纸莎草公司的CEO多米尼克·舒尔曼也把周日下午的时段用来安排计划，重新组织和梳理自己，以应对下个礼拜的挑战。舒尔曼说：“一旦新的一周开始了，事情就会源源不断地扑面而来，所以我必须把优先项目牢记于心，并制定一份‘作战计划’，以此来确定项目完成的时间。否则，我的时间就会被他人的种种要求完全耽误掉。”

那么你的优先项目应该是哪些事情呢？它们当然可以是你喜欢干的任何事务。不过我觉得你不妨先制定若干个每周目标，再逐步朝向年度目标迈进，这样做可以产生事半功倍的效果。（这里讲的年度目标，指的是那些在年终绩效评估或“蹩脚”的带有文学色彩的全家旅游年终总结里会提到的事情。）请在1月的时候提前写好这两份东西，以备将来年底之用。在事业、人际关系和自身这三方面上，你希望在年末终了的时候对大家述说哪些事迹呢？你想在这几个方面上做出何等成绩？请你把这些目标细分成更小的步骤，再将其中至少一个小步骤纳入到每周计划里。

如果你周一醒来时毫无打算的话，那么等你慢慢琢磨出头绪来的时候，一整天的时间可能都已经流失掉了。这就是为什么要在星期天做好安排的原因。你会把意志力全部浪费在如何选择上，而不是抢在注意力耗尽之前就投身进去。我发现这种“给未来一周制作清单”的做法不仅可以帮我圆满地结束周末，而且能让我更有针对性地迎接新的一周。我并不是在随意地乱比画，就算是这样，我至少也是在朝着明天比画。

珍惜眼前你所拥有的一切

在平日里的奔波忙碌之中，似乎总有下一个周末等待着你。然而世间万物皆有始有终，时间也是有尽头的。如果你能活到80岁的话，这辈子总共有4160个周末，差不多足够你去完成今生想做或想经历的事情了。有些东西一定要等到假期的时候才能去做，然而我们所有的愿望很难被压缩到每年两至三周的节假日之中。我们常常会身心俱疲地撞上周末，“什么也不干”的本能会占据思想的上风，就如同一位读者告诉我的那样：“感觉我们正在人生的道路上错失大好良机。”

我之所以会萌生这种想法，是因为我最近耳闻目睹了一连串“简化圣诞节”的案例。很多公司和专业人士大声疾呼，宣称他们工作得太卖力了，而且都深受盘剥。他们提倡把节假日精简到实际需要的水平上，号召我们要放松舒缓下来。既不需要去烘焙蛋糕，也不必去准备派对，更不用在圣诞树下给那些堆积成山的礼物卷上丝带——上帝保佑这颗圣诞树是极简主义风格的。

看到这些说法，我可以从这种情绪的发泄中嗅到些许智慧之处。确实，以上所说的这些东西都不能给我们带来快乐，没有人真正需要它们，而且价格也并不便宜。总之，用这些东西来装点节日毫无意义。

你或许有年纪尚小的孩子，他们会在圣诞节一大清早就从楼梯上冲下来，急切地查看圣诞老人到底带来了什么礼物。不用我多作解释你也明白，其实这种圣诞节不会有多少个。他们不会一直愿意陪你烘烤蛋糕，也不会总是这么疯疯癫癫地往台面上撒面粉。最终他们连你有没有摆圣诞树、有没有唱圣诞歌、有没有做巧克力都懒得关心了。你要是太累的话，他们就会“批准”你不堆雪人。其实孩子们央求你一同堆雪人的机会是不多的，不是每年冬天都会大雪纷飞，也不是每一天都能合家团圆。

或许将来终有一日，你会住进医院或疗养院。在一个简陋不堪的房间里，遥想着那些可以陪孩子们堆雪人的日子。只要你意识到了这一点，就可以面对下一个问题，它不同于“简化节假日”

概念下喊出的种种口号。这个问题就是：你把精力节省下来干什么？眼前这些人和物就是你所拥有的一切。天有不测风云，谁都不敢保证下一次可以再有机会堆雪人。总之一句话：去尽情折腾吧，去搞一次活动，现在就把你的精力全部用掉。

我们都在努力优化自己的节假日，而周末就是这些节日的微缩版本，因而也同样适用于这个道理。“无所事事”（或做无意义的事）同“只做那些必须做的事”一样，总是不难办到的。请将自己从工作和学习的日程表中解脱出来吧，让我们一起来列几张单子。很多人都未曾好好考虑过利用时间来做些什么，所以我们都生活在各自局限的天地里。

然而，我们有权选择不再这样生活下去。在劳动节过后的第一周里[①]，星期四那天沉闷枯燥、阴雨绵绵，我正在撰写这部分章节的内容。我家的后院杂草丛生，树叶的边缘已经开始泛起黄斑了。每年的9月总是给人带来一种时光流逝的伤感。我最年长的孩子已经上幼儿园了，而3周岁的小家伙也即将接受学龄前教育，甚至最幼小的宝宝也已经一天天地长成小女孩。她成天嘻嘻哈哈、跌跌撞撞，慢慢迈出人生的第一步。在去年劳动节拍摄的照片里，她还只不过是一个圆乎乎的“小肉团”而已。现如今她已经变成了蹒跚学步的小不点儿，而我们也即将开始和她“相认”了。

我没有给劳动节的周末安排任何特别活动，可要是不好好把握这夏日最后的尾巴，又觉得似乎也有点可惜。所以我们全家兴

① 美国的劳动节设在每年9月的首个星期一。——译者注

致勃勃地驾车出游，前往全国各地的山川大河旅行——我们路过马里兰州大洋城，在那里玩摩天轮，还品尝了玛格丽塔酒。之后我们穿越了弗吉尼亚州的马纳萨斯古战场，最后再前往雪兰多国家公园[①]。我们沿着天际线公路[②]慢速行驶，但凡遇到适合小孩探险的不超过两英里的小路，我们就会停下车来徒步行走。孩子们喜欢爬上那些石头，登上山顶，从那里眺望一片片草地、一堆堆草垛，还有远处云彩遮蔽下的山峰剪影。

同小孩子一起旅行总是充满了挑战，在同一天里（甚至常常在一个小时里）就会有高低起伏的剧情。我在车子后视镜上好像看见了尘封已久的画面，我曾经花费40分钟才将小宝贝乖乖地安顿在便携式婴儿床里，这段经历都已经成为过去。那些像白纸一般容易忘却的日子，现如今也化作了珍贵的回忆，全部播种在脑海里的。我们平日里辛勤地劳作，这种深藏心底的记忆不断地滋养着我们的大脑，守护着我们的心灵。直至将来有一天，忙碌奔波的日子终于被宁静安详的生活所取代。等到那个时候，我们终于安歇下来了，就像是劳动节过后的沙滩清场一样。电动童车都被打包收好，整个游乐园进入了凄凉的淡季。

关于周末的意义，一流成功人士都明白，人生不可以光靠等待，很多事情不能等到哪天不累了（或不忙了）才去做。如果你平时一直需要加班，而且把职业的定位看得非常重，那么周末那几天就变得非常关键了，它们可以让你感觉自己还拥有一份更为广阔

---

① 雪兰多国家公园，又称仙纳度国家公园。——译者注

② Skyline Drive，雪兰多国家公园的一条山路，风景怡人，全长有105英里。——译者注

的生活。马拉松运动员们都知道，疗养休息和轮替训练都能够促进身体机能的突破。与之相似的是，人的心绪也需要用各种不同的方法来疏导，它也同样需要“伸伸手臂踢踢腿”。周末去游泳池活动一下吧，吹几个泡泡，哄一哄怕水的小孩。通过这种方法，你就可以在洽谈业务的时候更加机智敏捷了。如果你选择登山的话，在征服最后一座山峰之前，你肯定会振作精神，给自己鼓足勇气；如果你是一名教师或是护士，那么你会总结一些方法来平和有序地带好整个班级，或是在长夜班的最后几分钟安抚好一个病人。在一周的168个小时里，你应该把周末时间与其他时段区别对待，并好好地珍惜它，这样就可以给自己“充电”，并整装待发地迎接下周一了。

WHAT THE MOST

SUCCESSFUL

PEOPLE DO

AT WORK

第三章

一流成功人士
上班时都做什么

实现惊人效率的秘诀

2013年1月上旬的某个夜晚，在法国波尔多乡间旷野的深处，散步的人们看到了一幕奇特的场景：在一扇画室的窗户里，有一位黑发女郎正在创作一幅钢笔墨水画，画面上描绘了阿拉斯加的雪原美景。

在夜幕下，房子四周一片寂静，室内却相当吵闹。因为艺术家雷韵·菲在作画时需要开着电视或电台，她只有这样才能够尽情发挥创作灵感，按她的说法就是："要找一些东西来占据我的右脑"。在下午的时候，她的电视机里重播着美剧《宋飞正传》或《广告狂人》；而在晚上，NPR（美国国家公共广播电台）的新闻讯息通过"神奇"的现代科技设备传入她远在法国的临时乡间住所。在2012年的夏天，她和丈夫领着两个分别五岁大和两岁大的儿子举家搬到了这里。就在那个静谧的夜晚，她同时开着两台iPad：一台用来放电影，一台用来搜索商品。她说："在我决定开始创作的前一刻，我要检查一下自己还需要哪些原材料。我会问自己，这块布看起来怎么样？那块鹿皮又如何？"

要想把一个虚构的女孩描绘得惟妙惟肖，就需要这种真实感。柯克帕特里克·希尔创作了一本儿童故事书，名叫《巴拉德河边的波》（*Bo at Ballard Creek*），而菲就承接了为这本书绘制插画的业务。书中有一位名叫“波”（Bo）的女孩，她成长于1920年代，居住在育空河边一个依赖采矿业生存的小乡村里。关于这个地方的老照片，菲的工作室里就贴了数百张。该书计划在2013年的6月发售，所以当时菲其实是在拼命地赶活儿。“在离截止日期尚有一段时间的日子里，早晨9点到11点是我思路最顺畅的时段，这时我对手头作品的专注度最高，”她说，“可是在临近最后期限的几天里，晚上11点左右才是黄金时段。在那个时间点，没有任何东西能够使我分心，我可以牢牢地把自己‘钉在’办公桌前。”她停顿一下又接着补充道：“这恰恰是其美妙之处。”

菲本人对这种类似于《草原上的小木屋》（*Little House on the Prairie*）的北方童话十分痴迷。按照合同的约定，她原本应该为每个章节绘制一幅图画，可是最终她额外多画了几十幅。她说：“这是一个非常棒的故事。”结果这些作品全部受到了出版社的赞赏。在1月的整整一个月里，她每晚都要加班加点地伏案作画，从绘画的活动中汲取能量。“在那些时候，我仿佛置身于天堂，”她说，“我忘却了时光，丝毫不感到疲倦，直到凌晨一两点钟才开始打哈欠。”

不论她自己感觉疲倦与否，这种安排听上去确实是非常累人的。菲的事业起步于梦工厂，在十年前开始单飞闯荡，现如今她已经成为该领域里最多产的童书插画家之一。在最近这些天里，她已经为年内八九部作品完成了主题构思，包括硬纸板书，比如贾布里·阿西姆写的《这是谁的脚趾头》(*Whose Toes Are Those?*)；绘本，比如演员朱丽安·摩尔写的《草莓麻脸记》(*The Freckleface Strawberry*)；还有像《巴拉德河边的波》这类的故事书。“我知道这是一个几近疯狂的工作量，我自己也没见过有多少个插画家会承接这么多的作品任务。”一本32页容量的童书大体包含32幅合同约定好的、具有画展水平的图画作品。因而对于大多数人来说，每年四到五个主题应该是一个饱和的工作量安排。“所以我一直以来都是在多个项目上齐头并进。”她说。

然而即便如此，她依旧能够保证画作的高标准和高品质。那么她的秘诀是什么呢？答案就是她能够非常小心仔细地利用自己的时间。菲说：“我当然会认真考量自己的时间。我实时监控手头的工作，对半小时的产出和一小时的产出都了如指掌。我的工作就是由这一个又一个的‘半小时’积累而成的，它们慢慢地连接成几个钟头、几天乃至几个礼拜。我给所有的时间段都设好了目标，比如用一集《宋飞正传》(22分钟剧集加上广告)的时间来完成一幅画作。”

菲对时间的运用情况一清二楚，这意味着她可以迅速地描绘出自己的工作日是如何度过的。她早上六点左右起床，先勾勒一下简略的草图，这样有助于她计划下一步如何上色。她还处理日常管理方面的事务——同编辑们往来电子邮件以及诸如此类的工作。她的几个儿子大概在7:30起床，所以她先同孩子们玩一会儿，然后帮丈夫一起送他们出门上学。到8:30的时候，趁着早上整个人的状态仍然清醒时，马上回到工作中进行更多的思考和谋划。到10点钟左右时，她开始把勾勒好的草图付诸实践了。这时她会打开《宋飞正传》或类似的节目，直播会延续到下午四五点钟的样子。到了那时，她就和美国东海岸的人们通信联络。在此之后，她又把注意力转移到孩子身上，同他们一起玩耍，并一起吃晚饭。在哄孩子们上床睡觉之前，她还要给他们讲故事。有时候故事就是她自己写的，菲把这当作检验作品优劣的大好机会。最后她第三次返回到工作当中去。随着夜幕一点点降临，屋外波尔多的田园风光渐渐黯淡，菲开始几乎凭借直觉本能来进行艺术创作。“这就好比是开车去某个地方，因为你对路线太熟悉了，即使闭着眼睛也能够到达目的地。”她说。

她之所以可以运用直觉来创作，当然要归功于另一个效率爆发的秘诀。她平时狠下功夫钻研技艺，按她的话说就是：“凡是拿到手的每一个项目，我都要仔细思索一番。我对各种不同的创作风格都略知一二，但更想把它们全部操练纯熟。在我初出茅庐时，人们建议我去培养一种可以赖以成名的风格，那样就可以给自己招来更多的业务。可是我对此一直不感兴趣，因为以一种特定的方式来画画实在是太枯燥了。不可否认，如果保持一种画风的话，确实可以不断提高和进步。可是这样一来就会感觉厌倦，进而选择逃避了。其实其他艺术家曾经警告过我，劝我不要有这种想法。然而，任何一种风格都会过时，倘若始终以学童的姿态虚怀若谷地灵活运用那些绘画原则，那么你就可以掌握各种新潮的艺术风格。虽然这意味着大量的额外功课，但是这就好像在为每一本书重新塑造自己一样。”

她不断地磨炼自己的大脑，因而基本上学会了如何即兴发挥创意，即使在略显疲态或被家务事困扰的情况下也不例外。她始终紧跟艺术潮流，不甘落后于其他艺术家。为了把她所要描绘的世间美景更好地映入自己的构想之中，菲在每个项目启动时都要搜索鹿皮和阿拉斯加织布一类的东西。当这条路行不通时，她还有别的妙招。2012年12月，她正在更新一本名叫《世上无小事》（*There's No Such Thing As Little*）的书，当时菲遇到一个问题：她只能通过布置圣诞装饰品才能获得艺术灵感。她解释说：“在我们搬到法国来的时候，忘了带圣诞装饰品。”为了唤醒自己在创作灵感上的冲动，她开始着手制作节日装饰，即40个精雕细琢的塑像。它们是用松果做成的精灵模型，还有软木雕刻的圣诞老人以及众多天使们。她在一颗榛果上画了一张小脸，然后再把黑色的小毡布黏在上面，于是一个吸血鬼就做成了。“我真的没想到这棵树会如此精美。”菲说。与此同时，那本书也相应地完成了。书的内容正是关于圣诞节里的12天，因而当她操办圣诞节装饰的时候，花费的时间实际上起到了一箭双雕的作用。

确实，菲所用的每一个小时好像都有成倍的效果。她吸收周遭事物的灵感养分，而且总是不断学习新的绘画技法。每一次前去镇上的咖啡馆，都可以变成一场艺术体验，这一点在2013年夏天出版的一本名为《热爱数学的男孩》（*The Boy Who Loved Math*）的书中也有所提及。这本童书讲述了传奇多产数学家保罗·厄多斯的故事。当菲第一次接到这本书的底稿时，她说：“你们找错人了。”

后来或许是被厄多斯那些丰硕的成果激励到了，她开始一门心思地去了解这个男人，并学习他的数学思想。她把那些美妙的数学定理和证明公式融入到自己的作品里，并发现自己已经爱上了这个创意。保罗有一条数学猜想，内容是关于什么样的多边形可以容纳最多不同尺寸的小多边形。书中有一页讲到，保罗天生与众不同，因而无法融入周围的环境。菲在咖啡馆里临摹那些顾客，每个人都占据了各自不同形状的空间。厄多斯得到的结论是“正五边形最优”。虽然形状和面积尺寸都是保罗的研究成果，但是咖啡馆的类比却是菲在游历法国时发明出来的。“每时每刻出现在我身边的任何事物，最后都能以某种方式融入到我的作品里。”她说。

菲只承接那些像《巴拉德河边的波》和《热爱数学的男孩》之类的作品，因为它们给她带来了挑战，并催促她朝着心中的目标稳步前进，她能够从中感受到快乐。这也就是为什么她的工作安排能够行得通的原因。我问她是不是经常挑选那些讨孩子们喜欢的故事来画，她笑着对我说：“确实是这样的。不过我心里清楚，这些故事也正是我自己想要画的，而这一点才是最初吸引我的因素。我估计孩子们最终会喜欢的，因为我本人也有一颗强烈的童心。要知道我自己的几个孩子就很喜欢这些故事。”最终她还是根据自己的意愿来挑选喜爱从事的项目，这样做就可以创造出奇迹来，而她的作品数量也随之逐年增长。自从菲的朋友们一个个都有了各自的小孩以后，很多人出现了各种各样的身份认同危机。他们质疑自己从事的工作是否真的对得起那些投进去的时间。然而菲却不这么想，即便已经陪孩子们玩耍了很久，她也依旧不削减工作时间，反而还增加投入。“如果我坚信未来一切终究会变好的话，那么就不会在乎眼下的工作时长问题。”菲这样说。

*　*　*

针对工作和日程安排的问题，多年以来我曾采访过不少人，然而菲是我多次回访的一位。同她一起谈话总给人以享受，这可能部分是因为对于一个爱书之人的我来说，她的工作看起来十分吸引人；另外我还觉得，她既清晰地看到了成功所需付出的辛勤汗水，又十分明白这份工作是多么让人愉悦。要知道这两项的有机组合是不多见的。每当我和菲通完电话，我的脑子就开始飞快地转动起来了。

当然，其实没有多少人的谋生手段是去画数学家或者阿拉斯加淘金热时代的女孩子，所以我估计你的工作日应该会和菲的不太一样。童书插画家的工作不用说都是有别于护士、农民、教师、邮政工作者、企业副总，或者是世界上70亿人所代表的任何其他职业。这是一个现实情况，很多阐述工作效率的书籍也都会强调这种隔行如隔山的差异。然而，我们每个人都要面对一个事实，那就是我们的生命是由一个又一个小时组成的。你能够获得什么样的成绩，其实就是你如何利用时间的功效问题。因此，菲对于时间和事业的看法不仅仅适用于自己的绘画人生，它同样也可以运用到其他人的身上。

我们当中有很多人都可以从高效利用时间中获益。我们常常挥金如土般放任大好时光从眼皮子底下溜掉，就好像时间是取之不尽、用之不竭的。对于有些人来说，这全是因为那些电子邮件吞噬掉了所有的时间。至于其他人，如果你是一名店主的话，你或许会眼睁睁地望着顾客走进商店，然后什么也没买就扬长而去，以后再也不回来光顾；一名牙医给病人洗牙时，会半真半假地鼓励几句，而病人自然也不会把它当回事，于是牙医就知道那个病人不久之后必定还要回来接受补牙，到时候他又要把那些半温半火的教导再重复一遍。我们就这样工作和生活着，眼睁睁地数着一分一秒，希望自己可以在度过这些光阴时身在别处。一个钟头接着一个钟头，时间就这么残酷无情地逝去，前方似乎也不会有什么大事发生。就这样，时间花掉了，“交易”达成了，就像是付清了逾期未缴的电话费，或是买了一件从来都不会穿的羊毛衫。

然而就像金钱那样，赚到钱的人会把流入的一部分资金拿出来，以某种形式再投资，以此来产生回报。一流成功人士知道，时间就像金钱一样，你可以有意识地将其妥善分配，进而实现致富的目标。年复一年，日复一日，它将是你一辈子需要做的功课，而且最终会产生翻天覆地的变化。成功人士还知道，工作时间比资本金钱更需要精心打理和安排，因为时间是非常有限的。虽然你可以赚到很多钱，然而即便是人群中的最强者，他在每个星期里所拥有的时间也不会超过168个小时。更何况从生理的角度来讲，一个人根本无法将所有的时间都投入到工作中去。

一旦你在某项工作上做出了某些抉择并形成了某些标准，或是把时间投入下去而不再随意挥霍掉，那么你就可以在现有的时间里做出更多的成绩来。菲将其描绘成一种魔法般的理念，她说：“我也不知道自己是如何在可支配时间内产出这么多作品的，丈夫说我有一种非常敏感的‘自我幻觉’。其实他的话一点儿也不错。”她打趣着说自己会忍不住去接一项要求在三天半以内完成一百幅作品的大工程，可是不管菲的最后交稿期多么紧迫，每逢11点到凌晨两点之间，她都会顿时迸发出灵感来，创作如行云流水一般，作品也随之纷纷跃然纸上。菲说：“我甚至会忘却时间，气势如摧枯拉朽一般，这种感觉妙极了。”

那么如何建立起自己的事业，让艰苦的工作变成一种享受呢？如何利用自己的时间来完成数量惊人的优质业绩呢？如何把时间投下去，好让你的工作自动为你代言，进而加倍提高你的个人产出呢？当你正在做那些自己在乎的事情时，如何才能享受这个过程呢？

这些都不是轻易能够回答上来的问题。如果你常常陷于那种边际效用递减[①]的工作会议，那么这几个疑问估计是非常令人沮丧的。幸好我们有多种方法可以帮助你更加精细地打理时间。就算你感到无法完全掌控它，就算你被那股席卷全社会的经济危机所击垮，你依然可以坐下来审视自己的日程表，看看每分每秒之中蕴藏着哪些机会。请不要任凭它们像沙漏里的沙子那样白白地流失掉。菲和其他一些成功人士都发现，工作效率爆发的秘诀就在于几条日常生活原则上，这些原则能够让你的工作时间变得更

---

① 这是一个经济学概念，是指连续增加某种投入时，相应递增的回报最终会减少的规律。——译者注

有效率。菲说："从事这项工作是非常幸运的，我始终都不会忘记这一点。我是多么地热爱自己的工作，这一点就连孩子们也看得出来。"

原则一：留意每一个小时

起初之所以考虑要写"时间"这一主题，倒不是因为我对时间管理有特别浓厚的兴趣，而是我被那些时间利用领域的学术研究深深地触动了。美国劳工统计局每年都会举办"国民时间利用情况调查"，通过对这份调查档案以及其他时间日志进行搜索，我得出了一个无法回避的结论：我们心目中自以为的时间利用方式实际上与真实情况大相径庭。我们过分高估了投入到家务活里面的时间，却低估了自己睡觉的时间，而且我们还想当然地尽情夸耀一个并不存在的黄金时代。你知道吗？今日美国妇女花在孩子身上的时间实际上比20世纪五六十年代的长辈们花的时间还要多。

这种有意思的认知盲点在我们工作的领域里也同样存在。按小时取酬的人都很清楚自己在工作上花费了多少时间，那些不上班的人却对时间概念比较模糊。一般来说，当一个人越是感觉自己的工作时间过长，那么他就越有可能高估了这些时间。在2011年6月曾有一项名为《劳工评论月刊》(*Monthly Labor Review*)的调查研究，该研究把一周的工作时数与时间日志做对比参照。研究报告显示，那些声称自己"通常"工作超过75小时的人，他们的平均误差有25个小时。至于朝哪个方向偏差，估计不用我说你也能猜得出来；那些声称工作时数在65到74个小时之间的人，他们的误差接近20个小时；那些声称工作时数在55到64个小时之间的人，他们所报的数字与真相也仍然相差10个小时。把这些误差去除之后，就可以发现大多数人每个星期的工作时数最多也不会超过60个小时。很多所谓高压力负荷的职业，其实每个星期的工作时数大约为45到55个小时。多年以来，我浏览过很多份时间日志，而这些数据都是可以从中查证的。我曾经给不少出了名的“血汗工厂”做过演讲，还得到一些兢兢业业的员工为我做的个人时间日志。他们把这些过往的60个小时工作周记录了下来——这是紧张忙碌的工作周，既没有半天休息，也没有节假日，更没有什么牙医预约，那是全心全意和同事并肩战斗的一个星期。我们生活在一个竞争激烈的世界里，吹嘘夸耀自己的工作时长俨然已经成为一种展现敬业精神的方式。

其实这种做法很荒唐，除非那些工作时数确确实实有绩效产出。如果你发现自己每周工作80个小时的话，那么你最好去尝试新的方法来优化你的时间；要是你平时工作55个小时的话，我想就不必那么做了。这就是为什么菲要精心安排自己每一个小时的缘故。同时也正因如此，那些追求合理利用时间的人们才最终明白了他们是如何利用当下时间的。如果你曾经尝试过减肥的话，想必知道营养师会让你做一个食物日志记录，有证据表明这种做法是非常有效果的。在2012年的《健康与饮食专业组织学术期刊》（*Journal of the Academy of Nutrition and Dietetics*）上曾刊登过一则专门针对一年期减肥计划的研究。该研究发现，凡是保持食物日志记录的女性都要比那些不做记录的女性多减去6磅的体重。她们记录下自己吃的东西，从而管住了自己的嘴巴。同样道理，请你将时间利用方式及其过程详细地记录下来，即使你主观上没有多少察觉，也照样可以给那些流逝的时间把把关。

网上有很多应用软件可以供你下载，使用它们能够帮助你保留你的时间日志。不过你也可以登录我的网站，然后下载一个技术含量明显不高的Excel表格（网址：http://lauravanderkam.com/books/168-hours/manage-your-time/）。而我自己则用一个更为原始的办法：拿一本螺旋线圈笔记本，记录下自己用掉的每一个小时。如果你以前从来没有追踪记录过自己的时间，那么我强烈建议你去尝试记录整个一周。请把自己想象成一名律师，装作正在对不同案子计时收费。请问你花多长时间用来看邮件？多长时间用来思考规划？多长时间用来旅游？多长时间用来开会？多长时间用来做本职工作？

请把它们加总起来合计一个总数，然后仔细研究一番。问一下自己，这个总数看起来合理吗？我在哪些事情上投入了过多（或过少）的时间？这项实验的最大收获就是告诉了大家这样一个道理：对于每一件事情所花费的时间，我们要做到心中有数。就拿我自己来说，发表一篇博文需要半个小时来设置链接并上传照片。我在中午11:45挂掉电话，而后陪伴孩子一起吃午饭。如果我要选择在这段时间里发布博文的话，那么预先知道所要耗费的时间是非常有帮助的。事务繁多的人经常会培养这种意识，它能使你更精准地把握产量，知道自己在一年2000到3000个小时（每周需要工作40到60个小时）里能够完成多少业绩。对于画家菲来说，一幅画所花费的时间相当于好几集《宋飞正传》的播放时间。康妮·布朗是一名专门绘制个性化地图的艺术家。2012年10月的《华尔街日报》上面有一篇关于她的简介，文中提到她在一幅地图上所花费的时间超过两百个小时，而她每年大概能够完成十二幅地图，加上日常管理事务的时间，她总共要花去2000到3000个小时。一个资历尚浅的艺术家大概会尝试每年搞定50个这样的项目，可是这就需要10000个小时。然而每年我们只有8760个小时（如果闰年的话，就有8784个小时），很显然这是一项不可能完成的任务。

你不必永远跟踪记录自己的时间，哪怕仅仅坚持十几天的功夫，你也会对时间产生些许的洞察力。我觉得这种洞察力就是修道士们在冥想经文的时候所追求的，它自然而然地能够让人做出更为高效的选择。以前有一位忙碌的医生追踪记录了自己的时间，然后把时间日志拿给她的主任看。这名医生想借此说明自己的实际情况，以争取得到院方在管理方面的更多支持，好让她能够接待更多病人前来就诊。我多年以来记录过一个又一个工作周，现在我随便遇到什么问题，只要是有话要说，就会展开行动，不会等到临近11点钟才去打电话。因为我知道在早晨那几个小时里，最容易把自己的想法表达清楚。

你或许会很沮丧地发现，自己花费时间的方式不如自己预期得那般理想。可是严酷的现实就摆在眼前，时光是一种无法再生的资源——一旦它走了，就永远走了。感叹自己浪费了多少时间是没有意义的。其实亡羊补牢为时未晚，你可以把每年2000到3000个工作小时看作一张崭新的白纸，只要你下定决心运用新的方法展开工作，那么就可以收获丰硕的成果。

原则二：提前制订计划

明白了可支配时间有多少之后，下一步就是要去搞清楚应该如何对待它们，从而实现个人事业上的大转变。教师的劳动合同里常常会给予一段备课的时间，让教师们在课堂授课之外有时间来设置教学目标，并编排课程内容。虽然这种做法的效果不一定总是非常理想，但是这个特定的时段营造出了一种工作文化，即在做事情之前要三思而后行。艾丽卡・沃尔薇是一所“希望学校”①的教务主任，她和道格・莱莫夫、凯蒂・叶兹一起联合编著了一本书，书的名字叫作《熟能生巧：42招帮你渐入佳境》②（*Practice Perfect: 42 Rules for Getting Better at Getting Better*）。通过对一些高效能教师的调查研究，她发现这些教师在编写教学计划时非常细致认真，他们把课堂上要对学生们提的问题都详细地记录下来，而这一教学计划也成了区分一名教师是否优秀的决定性因素。

那么你上一次腾出时间来制订计划是在什么时候？每当我让听众朋友们投票来选择何种事情是他们乐于投入更多时间的，其中“规划和思考”这一项总是名列前茅。大伙儿都很惋惜地表示，

① 一种非营利性公立特许学校，旨在帮助低收入家庭的学生顺利进入大学深造。——译者注
② 中文版译名为《练习的力量》。

其实他们也想拿出时间来进行战略性思考，然而自己实在是太忙了。这种回答总能把我的话锋顶回去不少。可是如果你请别人装修房子的话，肯定希望他不要只忙于挥舞榔头而忽视了施工图纸。同样的道理，一流成功人士——那些和我们一样，每周只拥有168个小时的人们——却可以把计划融入到自己的生活当中。菲的草图给自己添了一把力，同时也帮助出版商们决定版面次序，以及每个版面所要包含的内容。既然要去创作32幅情节连贯的图画，那么势必要考虑清楚每一幅图应该包含什么内容，不然的话根本没有意义。如果画到一半才意识到应该把云彩添在月亮的左边，那么就会白白地浪费掉许多时间。

设计工场就好比是一个战场，而风云多变的生意场也是如此。在伦敦政治经济学院主持的“经理人时间利用项目”里，一些行政助理专门负责追踪多个国家上市公司的CEO，记录他们是如何利用时间的。对印度CEO的初步分析显示，当CEO工作时间越多，公司的销售业绩也就越好。可有趣的是，这种CEO工作时长与公司效益之间的相关性，其实仅仅适用于那些预先计划好的事务上。虽然给雇员们开会与提升销售业绩之间存在着一定的联系，但是这里所说的计划时间并不一定非要指那些开会的时间。既然CEO的时间是一种有限的宝贵资源，那么事先对其做一个分配，就更加有助于高效地利用它。

迈克尔·索能就是这么考虑的，他习惯在周末的时候留出一段时间来做计划。他曾经在FTD（花卉交易商的网络交际平台）常年担任CEO的职位，现如今正在运营一家名叫“十万火急”

（EmergencyLink）的公司。该企业专门负责保存各种急救信息，将其提供给客户的家人和紧急联系人。他说自己最重要的个人习惯就是把星期天的后半天腾出来做战略性思考。他说："我通常会花费好几个小时来考虑什么事情才是我的第一要务，并确保那些要紧的事情都妥善分配到下面的团队去实施。我把每一个想到的问题都仔细考虑一遍，问自己什么样的项目才是至关重要的。如果这些问题都能在星期天晚上找到答案的话，那么当我们步入星期一时，每个人都清楚自己要做什么。"整个团队只需要在周一早上简短地互通一下电话就可以立即开工运作了。这样的计划使得整个一周都很有效率。索能说："作为一名领导，就应该去帮助雇员将工作时间尽可能地变得更有效率。如果你没有从制度的视角去思考最优方案的话，那么对于员工来说，要想做到高效率是很难的。"如果某位领导非要拖到周一上午才去做计划安排的话，那么他手下的人就不得不等到当天下午才知道应该如何去实施了。这是在拿自己的人去冒险，他们搞不好会在错误的方向上花费很多无用功。假设你手下有10个人替你干活，而星期一早上4个钟头都是毫无头绪的话，那么就意味着这个团队总共有40个钟头是偏离方向的，这就相当于少掉了一名全职员工。然而，要是把星期天下午的时间好好利用起来的话，那么每个人就都能有一个理想的工作周了。索能说："我已经意识到，如果我按照这个做法来实行，就会产生巨大的效果。"

大卫·艾伦的GTD系统（Getting Things Done的缩写，意为"把事情搞定"）拥有一大批狂热粉丝，他们腾出自己的时间来做了一个每周总结回顾。他们关注尚未完成的琐事，把事务归类到“以后某天会做”的单子里，然后针对那些重大的项目，明确下一步所要采取的行动。艾伦本人也说：“我发现无论是一周的尾声，还是周末星期天，甚至是在长途飞行的过程中，它们全部都是坐下来静静反思的好时候。关键在于要找到恰当的时间和地点，在那时，整个世界就好像放慢了脚步，电话铃声也不再响了。当我伏案做事的时候，也不会有人随时来找我。”艾伦还告诉我说，某些客户几乎从来没有体验过这种优哉游哉的慢节奏，有些人在早上9点之前从来不做任何规划。孰不知他们完全可以从7点钟开始行动，这样就不用在早晨的时候手忙脚乱了。还有一些人在星期五的时候选择居家办公，并把上半天的时间拿出来做回顾总结，这样就避免了坐在办公室里被别人打扰，也可以把以前那些工作周全部梳理一遍。不管选择哪种方式，请把所有的事情搁置到一边，全力找出未完成的事项。艾伦说：“我不想在过时陈旧的东西上面继续追加新的创意。”不过由于工作性质的关系，他还是会欢迎新的理念并思考下一步该怎么走。

我常常在三个层面上开展自己的规划工作。每年年末的时候，我都会给自己交上一份“绩效回顾”的报告。早在前一年的12月，我就想好了在这份报告上将要问自己的问题，比如在接下来的2000个工作小时里，我要取得哪些成绩？说实话，未来是不可预料的，目标也是会改变的。尽管如此，制定年度目标的做法——比如“实现我的博客访问量翻番”或者“完成一本小说的初稿”——能够让我的精力集中在具体的行动上，以此来帮助自己实现目标。

请时刻牢记那些年度目标，并在每个星期天的晚上列出一张“要务清单”来，单子上要列明未来一周内计划完成的事项。这个清单既包括当前要做的分配任务，也包括那些朝着年度目标迈进的小步骤（比如你可以花费30分钟来学习如何使用谷歌网站分析工具，看看是什么因素在影响着网站的点击量，或者你也可以给自己的小说构思好2000个字的内容）。我把星期一排得很紧，然后将其他日子排得相对松一些。在星期一晚上，我会把星期二安排得更紧一些，当然这要取决于星期一做了多少事情，以及清单上还剩下多少未完成事项。我会在星期二晚上安排星期三的事情，然后以此类推。通常在星期五之前我就能完成大部分事务，这样就腾出了一天的时间来做扫尾工作，或者是制订更多的计划。

人们的工作方式各有不同，所以世上没有一个放之四海而皆准的版本。如果你平时和某人亲密合作——比如一名助理或一位“御用”的歌剧编剧——那么你就应该把他也纳入到你的某些计划中来。或许你对大量的特定时段都存在许多要求，或许你的工作氛围允许随意造访同事的办公室，并在里面就一个数学定理讨论四个小时。如果出现这两种情况的话，那么前者的计划就需要编制得更周密一些了。其实要点并不在于计划的形式上，而是在于让你养成一个习惯，即一个腾出时间来做计划的习惯。一旦你踩准了计划的节拍，懂得了三思而后行的道理，那么你就会发现这种做法是非常让人上瘾的。你很可能为了兑现自己的计划而在特殊的时点上展开工作。杜尔瓦尔·塔瓦雷斯是“水金刚”公司（Aquabotix）的CEO，这是一家生产水下机器人的公司。他坦白说自己常常会在早上4点钟的时候就起床。实际上，这不是因为闹钟，而是由于他有很多事情牵挂在心头。塔瓦雷斯说：“我想要的是那种十分清晰的思路。我希望刚踏进办公室的那一刻，就可以进行思考和策划，进而找到问题的解决方法。然而这是很难做到的。”所以他通常在享用早餐之前就把计划做好，随后再前往公司迎接新的一天。

此时，你大概也开始筹划自己的个人生活了。迈克·威廉姆斯曾在GE公司担任过高管，现在是大卫·艾伦公司的CEO。他告诉我，他会在工作结束之前花几分钟预先温习一下晚上要去关注的事情。举个例子，他会拿出日程表，在女儿做演讲的那天标上记号，然后写下“问她是否顺利”的字样。等到自己一回到家，就给女儿送去一个代表全家的问候。他意识到只要再过四年，女儿的“翅膀”就长硬了，她会自由地“飞翔”。因而他非常珍视眼下交流的机会，这些亲子同乐的活动就像稀世珍宝一样不能随意错过。他说：“在过去的日子里，如果我没有动笔做记录的话，就会白白地放走那些机会。”其实居家休息的时间和工作的时间是一样的，不管你有没有想过要如何利用，它们照样都会从你身边流逝。但只要你给自己确定了航向，就会帮助你最终到达彼岸。

原则三：为成功创造条件

一旦你开始安排日常计划的时间，就会主动去收集各种资源来给自己的事业添砖加瓦。你会想到100个应该接触的陌生人；你会想到100个拓展业务的新主意。可是请不要把所有这些美妙的想法全部摆到星期一的要务清单里。我知道这听起来有点违背常理，但还是请你掌握好节奏，一步一步来。成功人士看待要务清单的角度总是与常人有所不同。这些清单与其说是一摞单子，倒不如讲是一叠合同。不管上面写了什么，都必须要切实地履行好。就算最后期限不是特别苛刻，那也依然不能马虎，这常常关系到一个人的尊严问题。拿菲的事情来举例，她说："去年我的第2个宝宝出生了，出版社觉得这大概会耽误我的进度，然而我还是源源不断地提前完成一个又一个作品。而如今，不少项目正处在休眠搁置阶段，因为我要等待其他的人迎头赶上。"

月有阴晴圆缺，人有旦夕祸福，紧急的事情时常会发生。要想为成功铺平道路，那么有两个要点是决定性的关键因素：第一，慎重选择每天清单上的事项；第二，形成一套可靠的方法体系。

夏琳·约翰逊开发了搏击操视频教程（Turbo Jam），并借此一举成名。她常常把要务清单限制在6个项目上：三件当天必须做完的事情，外加三个旨在完成年度"推进目标"而采取的小步骤。这是一个可量化的目标，完成它就能够为其他更为远大的目标创造条件。然而有时候这个目标并不是非常明确。举个例子，在2011年的时候，约翰逊希望自己的新书《行动起来吧：30天彻底改变惰性，还你一个火辣的身材和美好的人生！》（*Push: 30 Days to Turbocharged Habits, a Bangin' Body, and the Life You Deserve*!）能够登上畅销书的排行榜。这是一个单项目标，然而她意识到要想实现这个目标，关键在于必须搜集到读者粉丝的电子邮箱地址，总数至少要积累到十万个才行。只有这样她才能够主动出击向他们推介这本书。为了完成这个数量，必要的图书推广活动就变成了她的“推进目标”。那么除此之外，她还有别的“推进目标”吗？大约在我采访她的前一年，她把自己名下的两家公司卖给了一家叫作“沙滩健身”（Beachbody）的家庭健身公司。她本人在那里担任了一年的顾问，部分开销仰仗于“沙滩健身”的业务发展情况。因而那一年的“推进目标”就是让“沙滩健身”公司的利润达到一个扎实理想的水平。在我采访约翰逊那天，三个小步骤分别是：同她的一个项目合作人定一个约会；同公司CEO约好第二天电话会议的时间；复习一下演讲的大纲。

“要是你的清单上只有6件事情，那么完成它们就会变得非常容易，”她说，“我轻轻松松地就把事情全部做完了，而且感觉很有成就感。这让我一下子变得兴奋起来，产生了滚雪球一般的心理感受，也促使我很想再继续干下去。说实在的，之所以要求精简清单，是因为这样一来你就不会有挫败感，毕竟你已经把那些该做的事情全部做完了。我们大多数人都认为自己应当努力拼搏，可是正因为这样，我们反而永远无法实现那些重大的‘推进目标’——因为我们已经把自己搞得精疲力竭了。”今天我们向重大目标迈出三小步，这看上去没什么大不了的，但是坚持每天走上三小步就等于朝着年度目标推进了750步。如果你当年的目标是撰写一篇75000字手稿的话，那么每一小步就连100个字都不到——比我写的这个段落都要短——这样你便可以很轻易地完成目标了。一流成功人士都明白这种水滴石穿的道理。

和约翰逊一样，大卫·艾伦也对清单上的项目数量进行限制。他常常把当天必须做的事情浏览一遍，温习一下约会谈话的内容以及其他类似的事务。他说："在既定的可支配时间内，我集中处理一到三件事情，我时常告诫人们要着眼于微小的数字。当你说'喔唷，我把所有的事情都干完了'的时候，如果你尚有时间多余，那么就再干点别的事情吧。但是不要累坏了自己的身体，我常常看到人们在喝完咖啡之后就开始过于拼命地工作。"

为了提高成功的概率，约翰逊一边限制清单上的项目数量，一边形成了一套十分可靠的方法体系。她把某些物体当作精神上的条件反射，比如当她随时随地看到11这个数字时，就会去查看一下自己的清单。她说："我的要务清单就保存在手机里面。如果这些事情做起来就像发短信那么简单的话，那么我在排队买东西的时候就可以搞定了，无论如何都不会出现什么岔子的。"

另外还有一种可靠的办法，那就是去加入一个值得信赖的团体，或者选择一个靠得住的伙伴。妮卡·斯图尔特在新泽西拥有一家社交媒体营销公司，公司的名字叫"精灵之声"（Ghost Tweeting）。她同时也是7-Figure俱乐部的一名成员，该组织是由一个名叫"享受成功"（Savor the success）的女性企业家社交网络提供资助的。每到星期一的时候，这些企业家们都会在网站上签到，然后给自己设定一个本周目标，并不断地朝年度总目标迈进。等到了星期五的时候，每个人又重新登录网站，汇报自己的目标达成与否。"假设我在星期一将本周目标定为'起草并发出十份企划书'，然而直到星期四晚上仍然没有将其全部完成，那么我大概就会熬夜把它们做完了。”她说。

我们常常会十分在意某些人对自己的看法，不希望在他们面前露出一副失败者的模样。

明白了这一点以后，我们再来看一个名叫stickK（http://www.stickk.com）的网站案例，该网站将商业理念灵活应用，是一个我非常欣赏的成功案例。网站的用户可以在网站上给自己设定戒烟目标、健身目标、减肥目标，以及其他五花八门的目标。为确保其可靠性，用户需要签署一份“承诺合同”。在这份“合同”里，详细列明了自己的目标事项。用户还必须拿出一部分资金来给自己“下注”，以此确保目标能够顺利达成。此时系统将会生成一张名单，单子上面列示的全部都是支持你的亲友团，你所取得的点滴进步都会持续不断地通知到他们那里。假设你正是该网站的用户，而且发誓今后不再去碰碳酸饮料，但如果你一不小心违背了誓言的话，那么你投下去的资金就会落到某个指定人的口袋里，甚至还有可能送到那些你看不惯的人手里，这简直还不如捐给慈善组织（请你想想看，这就好比作为一名自由民主党成员，却要眼睁睁地看着卡尔·罗孚超级政治行动委员会在那里大放厥词，这会是一种什么样的感受？）。不仅如此，更要命的是你的朋友们都会知晓你的失败。正如网站上“常见问题解答”一栏里所说的：“当你喊出‘自己能行’的豪言壮语时，你不单单是在挑战自我，而且还押上了个人名誉。”该网站的创立者通过调查研究发现，如果在“承诺合同”里附上这些誓词的话，会使用户的成功概率提高三倍以上。

一流成功人士都知道意志力的作用是非常强大的，然而这种精神力量在我们很多人的身体里却十分有限。当然啦，你的老板可以使你保持对某些目标的责任心，然而你可能根本就没有上司来约束，或者你的心里拥有更为宽广远大的目标，如果是这样的话，那就需要一个辅助的系统来帮助你实现了。请到网上去搜寻一些应用软件和有用的网站，或者去寻找一些朋友或社团来逼迫自己。尽可能地让失败变得难以接受，实在不行的话，押上一点钱也可以。总之，请你运用这些方法来促使自己实现目标。

原则四：明白什么才是真正的工作

一些软件公司隔三差五地联系我，他们开发的实时跟踪软件通常是为雇主设计的，专门用来对付那些想要混日子的员工。这种主张和论调常常会附带一些耐人寻味的统计数据，比如“员工沉迷于梦幻足球经理游戏，因而造成了每周11亿美元的商机白白流逝”。通过监控雇员的工作时间，调查清楚有多少分钟花费在了ESPN体育频道上而不是用在处理Outlook电子邮件上，然后“砰”地一下子，工作效率就猛蹿上去了！然而事实是不是这样的呢？

好吧，情况或许真的如此。其实我基本不怎么写这种题材的文章，因为撇开那个监控员工的合法性问题不说，实际上大多数专业人员也不会用八小时来收看YouTube上的宠物视频，他们不会把这个当成利用时间的理想方式。你或许会在一个紧张的会议结束之后去查看一下梦幻足球队的情况，然而这种时间上的浪费只不过是两三分钟而已，没有人会冲昏头脑地把它当成正经的“工作”。另外，这里还有一个更不易被察觉的问题——有些事情看起来是工作，但其实它们不是。每个星期我们浪费在它们身上的财富要远远大于用在梦幻足球上所谓的11亿美元。理论上说，他们或许是你工作的一部分，然而要是它们不能帮助你或你的组织实现目标的话，那么它们就算不上是真正的工作。

以电子邮件为例，根据麦肯锡全球研究所在2012年发表的社会经济领域报道，脑力劳动者一般花费其28%的时间吃力地处理电子邮件。根据一家名为“守望者”（Lookout）的移动安全公司所言，58%的智能手机用户坦陈自己每隔一个小时就会查看一下手机，这个统计还不只限于白天时间。据该公司报告，54%的用户在床上也会玩手机，几乎有40%的人说他们在上厕所的时候也看手机，甚至还有9%的人承认他们在做礼拜的时候也会把手机拿出来查看一番。这种高频率的线上活动大部分是为了收发电子邮件，而电子邮件理所当然地看似工作的一部分。然而要是你每小时查十次邮件的话，那就意味着原本可以用一小时写完的演讲稿却需要两小时来完成了，这很难称为一种良好的时间利用方式。你还不如用半小时写作，然后用15分钟来检查邮件，再回头花半小时写作，最后安心地连续看45分钟宠物视频。如果有些邮件根本就无须阅读的话——想想看你每次度假回来需要删掉多少垃圾邮件——那么你还不如去玩那个梦幻足球游戏。

或者去想想白领工作的辛苦之处吧，想想那些工作会议，以及它们的“远房亲戚”——电话会议。人们在时间日志上记载的会议数量常常把我吓得不轻。“第一资本”（Capital One）公司的品牌战略与管理副总裁杰基·派克认为，自己的会议时间占到了工作表总时间的七成。她说：“如果我没有积极安排由谁来主导开会内容的话，那么这些会议就会占用掉我所有的时间。我们公司的企业文化强调一种高度的协作性，所以只要一人犯错，就有可能会殃及全体成员。”不错，团队合作固然是一件非常好的事情，但是它也有一个负面效应，它使得数量繁多的会议很快就变成了一个恶性循环。实际上，吸引人们关注某个项目的最好方法就是去安排召开一次会议，因为这样一来那场会议就扮演了一张最后通牒的角色。如果你不去安排的话，那么它就会落到其他人的会议后面。要知道这并不是由于你的项目在客观上无足轻重，而是因为凡是预约在特定时间要做的事情，总是会看起来更加重要一些。

人们理所当然需要相互见面，就像他们需要互通邮件一样。在很多情况下，工作会议——至少是那种一对一的面谈——对于企业内部管理来说是相当关键的。一流成功人士经常会不断地衡量机会成本[①]。派克说：“对于自己如何利用时间这一问题，我每年至少要仔细研究一次，看看是否可以做一些决定性的重大改动。我会把既定的会议日程表永久清除掉，让这些工作会议自行优胜劣汰，而那些真正要紧的会议则自然会重新回到我的视野里。我审视那些过去被认为是必须参加的会议，并质问自己要是不去出席会怎么样。或许这样做会感觉不太自在，但是团队里的其他人

① 机会成本，经济学概念，大意为当面临多种选择时，被放弃的选项中价值最高的一项。——译者注

却能够有机会站出来展现自己。”派克有时候会注意到某人已经跃跃欲试了——这就是一个信号，告诉她没有必要继续待在那儿。团队里的成员都是一些聪明人，他们基本上都有能力应付好的。当然，同这些高手们共事的话，就免不了要与他们谈心，并全力支持他们的事业发展。“我尽量保证给每一份报告腾出一个小时的时间，”她说，“可是我意识到这种做法对于我和同事来说都是不符合现实情况的。要知道他们的资历也在不断地增长，比起当年初出茅庐的时候，他们已经变得独立自主得多了。所以，每周一小时显然是太过于奢侈，不如改为两周一小时更好。”

虽然你可以安排出一个小时的时间，但这并不是说你非得全部用掉它。科林·戴是伊利诺斯微系统整合中心（iCIMS）的CEO，这是一家专门开发人力资源软件的公司。戴每个星期都要亲自做五个报告，他在工作日程表上给每个报告划拨出一个小时的时间，而报告的对象则是他手下的250个员工。他说：“这些人乖乖地坐在那儿听我讲一个小时，并不是因为我规定了会议要开一小时。”其实最能让他感到高兴的事情，莫过于在五分钟内（或者用一个短信的工夫）把所有事情全部搞清楚，这样一来他和手下员工就可以重新回到各自的工作节奏中去了——因为一流成功人士总是问自己这样一个问题：在那一个小时里面，我还能做些什么事情呢？之所以要留意自己的时间并掌握做事情需要耗费的时长，是因为这样就可以把任何一种时间需求都转化为以上那个问题了。你心里想必清楚，给6名老客户打电话——与每一名客户通话20分钟——基本上相当于耗费了起草一份企划书的时间，而召开一次两小时的会议就等于放弃了给新项目开个好头的机会。那么，你觉得这样做到底值不值呢？或者说，是不是可以把会议时间缩减为一小时，然后把另外一小时用于其他地方呢？有时候这些问题需要用冷冰冰的金钱来衡量，这样才能显得更有说服力一些。那种每周花两个小时召开10人小组会议的做法，其花费的资金差不多等于增加了一名兼职员工。然而这种会议所能产出的效益难道胜过增加一名员工所带来的好处吗？换句话说，前15分钟固然是很关键的，但其余时间难道仅仅是一种心甘情愿的“时间赋税”吗？

倘若你在经营一家小企业的话，那么这个机会成本的问题就显得尤其重要。企业家们常常需要把自己擅长的工作交付给雇员来做，这使得他们倍感痛苦。可是我们每年只拥有2000到3000个工作小时，这就意味着必须做一些取舍才行。如果你喜欢动动笔头写写文章，并且亲自起草了一份报告初稿的话，那么你就没功夫去弄清哪一项业务的收入增长迅速并值得投入更多关注了。有不少企业家常常会做这样的权衡考量，他们从草根小作坊开始起步，最终创立了坐拥百万资产的大公司。崔西·拜尔德的拜尔德公司给多家经营老年公寓的机构提供咨询服务，这个组织每年的收入达到四百万美元，可是拜尔德在下午三点钟就下班回家了，她“放学后”的时间去干自己家里的事情。那么她的秘诀是什么呢？“我一直想方设法地给自己找替身，”她说，“作为一名领导，我在工作上的首要策略就是找人替我干活。我把任务全部分配下去，这样就可以解放自己，并迈向一个更高的层次。这是我多年以来一贯的策略，运行下来效果非常好。”

乔希·斯科尼克是一名年仅二十多岁的企业家。早在读初中的时候，他已经在费城郊区一带替人修剪草坪了。等到毕业那年，他俨然一副小企业家的派头了，拥有多个团队来为自己工作。当他发现绿化护养是一桩有利可图的生意时，就决定进入这个市场大干一番。有一次某位客户叫他过去把一颗死树处理掉，然后斯科尼克随即雇来一名承包者。当那个人到现场以后，斯科尼克本人却开始挨家挨户去敲门，问问有没有邻居也需要绿化护养服务。他在一天之内赢得了价值两万美元的业务。很显然，斯科尼克天生是做零售生意的材料。后来他建立了自己的“魔树”绿化服务公司（Monster Tree Service），该公司最终也成为全国性的特许经营加盟企业。到这个时候，再叫他亲自上门揽客就不太合适了，就算精于此道也不行。所以他培训了几名团队主管，鼓励他们与房屋的主人打成一片，时不时地指出花草树木中隐藏着的病虫害。他还叫这些人一看到邻居出门就主动上前打招呼，用这种方式来实施“软营销”。他说：“真是人不可貌相，他们所能胜任的工作让我大为惊叹。在我手下干活的那些员工里边，有些人是我从来没想到过有本事把树木推销出去的。”然而他们努力学习并最终掌握了技巧，赢得了好几千美元的销售额。斯科尼克允诺要给他们奖赏。“当我将心比心地善待员工时，我发现自己也赢得了他们的尊重，”他说，“从财务的角度来看，我关心爱护自己的员工，并给他们提供了一个奖励机制，这样就可以鼓励他们承担更多的工作责任。”

你不应该把那些看似属于工作的事情误认为是真正的工作。

在你努力确保这一点的过程中，我们假设你有能力辩认得出哪些才是真正的“工作”。由于生产效率的关系，它要求你适应并调节好当前的身体状况，而不是和自己的状态对着干。那些看上去不属于工作的事情，当你从一个正确的角度去看待时，它们实际上都是很好的时间利用方式。

对我们大多数人而言，这句话的意思是：做一些不相干的活动就如同是停下来休息片刻。画家菲起床后，每隔一小时就要做一次瑜伽操。我自己在每天下午精力陷入低潮时，就会出去散散步，到外面跑一圈或者出门去办一件事情。我知道如果继续待在电脑屏幕前面的话，我很可能每隔30秒就去刷新一次电子邮箱，而不是把应该做的事情做完。有意思的是，这些间隔的休闲活动常常让我萌发出一些好点子。然而在如火如荼地工作时，我的大脑却无法将这些零散的东西串联起来。当我正在写作这部分内容的时候，我曾经想过要取消和朋友约定好的六英里慢跑，因为当时我快要赶不上交稿的限期了。但是我最终还是选择出去跑步，在大家共同气喘吁吁的时候，我把内容大纲构思完毕。也许跑步看起来不像是正经的工作，但是我由此获得的东西确实比坐在书桌前所能得到的更多。

有一些研究发现，像这样的“开小差”活动，其实和常规的自我保健一样，都会带来相当不错的财富回报。2006年，托尼·施瓦茨和凯瑟琳·麦卡锡一起研究了新泽西多家美联银行（Wachovia，又称瓦霍维亚银行）的工作效率。他们将106名员工纳入到为期四个月的“员工健康保障计划”之中。该计划包含了对身体能量管理的指导，以及规律饮食方面的建议。它同时教会人们如何消除负面情绪，劝说大家应该经常离开办公桌去四处走动走动。施瓦茨和麦卡锡将这个能量管理小组拿出来与另一个小组互相参照。相比之下，能量管理组在贷款业务方面的收入提高了13个百分点，在存款业务方面的收入较上一年同比增长了20个百分点（在2007年的《哈佛商业评论》中，施瓦茨和麦卡锡曾经提到过这项研究，称美联银行用这些指标来给员工做绩效评估）。确实，我们很难搞清楚到底是什么东西激励着员工去努力工作。一份健康保障计划可以轻易地让某些人相信他们的老板具有人道主义的情怀——要知道那才是最关键的激励因素，而不是健康保障计划本身。也就是说，那些划拨常规休息时间的人们发现，出让这些“失去”的时间不仅仅是为了补充精力，而且还蕴含着更为深远的意义。

马特·豪尔执掌着希尔投资集团，这是一家设于圣路易斯的财富管理公司。他把休闲活动的理念融入到企业文化之中。豪尔在2005年的时候与其他人一起联合创立了该公司，目标旨在帮助客户从长远的眼光来看待和处理财富问题。所谓高明的投资，就是要将可持续收入最大化——这里的重点在于“可持续”三个字。与之类似的是，豪尔对待自己的时间也十分细心，一如他小心谨慎地管理客户的资金那样。

他把一周的时间当成一个整体来看待，其中每一个小时都是精心设计过的。在周一和周五，他会做一些工作上的计划和若干项热身活动，把客户的事情集中安排到周二、周三和周四来处理。豪尔心里很明白，上午10点开始直至中午的这段时间是注意力达到巅峰的时段，所以他说："我把这个时段当成一项不动产来对待。你最宝贵的不动产是什么呢？想必不会将其轻易送人吧。"对于他来说，周二、周三、周四早晨10点到12点的时段是一个星期当中最为宝贵的时间，所以当豪尔给整个星期做时间安排时，他用这最宝贵的6小时来维护最重要的客户关系。"这样做能够把我们引向成功的彼岸。"他说。

巅峰时段过后，随之而来的就是中午吃饭时间。午饭是集体活动，它鼓励人们放下手头的工作去休息，这时候常常还有一些职业进修的内容加入其中。"我们通常就在办公室里吃午饭，这时我们会围坐起来，一边观看录像一边互相讨论。"豪尔说。我们一起看TED演讲节目①，有时候也会让某个人站出来讲一本读过以后深受启发的书。午饭过后则是午休的时间，这时你可以给客户写几封电子邮件，或者躲在没有人看得到你的地方小睡一会儿。还有，每天下午3:30左右是文艺范十足的下午茶时间，这时候每个人都赶往几个街区以外的星巴克咖啡馆。"其实没有谁真的喜欢喝咖啡品茶，"豪尔说，"这样做的目的完全是从座位上站起来，好让自己走出去伸个懒腰动动腿。这样做可以让我们养足精神来应付最后一个工作时间段，使我们一鼓作气地干到5:30左右。"

这是一张十分重视"可持续发展"的日程表。尽管我们在经济不景气的形势下保持了每年35%的超高增长率，但我们还是需要保持一种平衡，好让各位在下班回家的时候感觉轻松。早在2005年，

① TED是technology、entertainment、design的缩写，是一家非营利性机构。该机构经常组织美国各界杰出人士来讲述科学、社会、设计等领域的问题。——译者注

豪尔和他的合作伙伴瑞克·希尔一同创立了希尔投资集团，当时的一切全都混乱不堪。豪尔说：“我们几乎会随时随地同客户谈生意，丝毫没有条理和章法可言。从某种程度上说，我们被搅得筋疲力尽了。我们需要建立起某种构架——不是那种扑灭创造力和精气神的构架，而是那种有助于产出更多成效的组织构架。”

豪尔之所以要严格控制自己的精力，其实还有别的特殊原因。在2007年，33岁的他被确诊为慢性髓细胞性白血病（CML），这种疾病其实是一种血癌。作为一个年轻人，癌症对他的打击很大，同时也使得他在很多问题上猛然地惊醒了。“疾病会给你带来一个思考人生的理想角度，”他说，“你会真切地感受到生命是多么有限。”当他返回工作以后，希尔投资集团重新调整设计了日程安排表，旨在让员工把每一个星期的工作都干得更有意义，并且留下一些时间去享受其他活动。“我们所开的每一场会议，打的每一个电话，去的每一个地方都必须产出效益，否则我们就不会去做它，”他说，“我们在这一点上非常挑剔，同时也十分慎重，十分老道。”

慢性髓细胞性白血病现在已经可以通过一系列的药物（包括甲磺酸伊马替尼，又称“格列卫”Gleevec）来治愈了，因而豪尔可以期盼一个相对正常的人生。也就是说，他的时间再也不会比我们正常人少了。而与我们不同的是，他看问题更加透彻。有时候他会和驾车从他旁边驶过的朋友们谈笑风生，回头把笑话分享给同事们。而在前往星巴克的路上，那缕午后阳光也让大家感觉非常享受。“每当人们谈到艰苦的工作，就会联想到呆在岗位上苦苦核对数字的场景。可是我们公司的人并不这么看，我们不会把功劳和苦劳对等起来，”豪尔说，“我们可以让自己忙得热火朝天，但这并不意味着那么做就必定带来好处。这只不过是白领工作重压下的精神转移方式而已，它只能用来掩盖人们内心的烦躁，最好还是去做那些有助于真正解决问题的工作。

那么倘若对我来说，观看宠物视频恰恰是所谓的重要之事呢？没有关系，请放心地去看吧。一流成功人士都清楚，想要产生惊人的工作效率——尤其是在创新型的脑力劳动领域——就需要给自己的大脑安排好休息“充电”的时间。举个例子，菲就经常去逛书店或者浏览艺术博客。你可以前往图书馆办理一张借阅卡，然后在浩如烟海的书库里碰碰运气，说不定会邂逅什么有价值的东西；你也可以上美术馆走走，或者阅读相关领域的专业期刊，没有必要一定是非常熟悉的行业；你还可以心血来潮地跑去星巴克随便坐坐，找几个有意思的人攀谈一番。如果你把工作定义为观看可汗学院[①]的视频录像来学习如何剥削员工的话，那么以上所说的活动确实不像是一种工作。可是如果你用效益产出来定义什么是工作的话，那么那些活动就看起来非常完美了。毕竟你也知道，在将来退休晚宴那天，没有谁会称赞你每天清理邮箱的“功绩”。

① 可汗学院，Khan Academy，美国一家非营利性教育机构，常向用户提供免费的教育课程。——译者注）

原则五：勤加练习

莎拉·费舍尔[①]的一生都在不断超越速度的极限。她在读小学时就开始全身心投入到儿童赛车比赛和卡丁车比赛当中，并且以未满13岁儿童的身份获得了人生中第一个世界卡丁车运动协会的比赛冠军。她在1999年刚满19岁，就已经成为印第安纳州波利斯500英里大奖赛有史以来最为年轻的女赛车手。到2010年末退役之前，她在这条赛道上参加过的比赛次数高达9场之多。

“魔鬼训练计划要求我在那些年里一直保持巅峰的竞技状态，这让我感到非常艰苦，”她说，“幸好现在我再也不用那么做了！”莎拉在2008年的时候成立了一个名为“莎拉·费舍尔·哈特曼”的赛车团队。她每天早上首先会花费半个小时来应付车队管理工作，然后再用90分钟到两个小时的时间来进行负重和跑步训练，并且同时还和一支美国潜水队一起做其他项目的训练。该潜水队的总部恰好也位于印第安纳州波利斯。除了健身以外，她还辅以精神上的磨炼。“该运动项目的速度非常快，你必须具备一个相当敏锐的反应能力。”她说。因此，她一直针对这个方面勤加练习。她在午饭后就返回到工作室里，一头扎进营销方案或财务账目之中，确保这个25人的小型车队能够正常运营。不仅如此，她同时也非常注重提高其他方面的成绩。她说：“驾驶一辆跑车不像你在马路上兜风，不是踩大油门蹿出去那么容易。”实际上这需要租借一

① 莎拉·费舍尔，Sarah Fisher，美国著名女赛车手。——译者注

个场地，每一次“试驾”就会平均耗费5万到10万美元。因此她做了很多模拟训练和风洞测试，并研究了跑车的各项技术数据。“必须反复研究这些数据资料，比如车辆是如何在路面上行驶的，不同排气量的汽车又是如何运转的，等等。通过对这些原理的研究，你就能够得到一个真正高质量的信息反馈，”她说，“如果你成功‘解密’了这些数据的话，那么也就明白了下一次应该如何改进了。”

根据她的日程表判断，费舍尔半辈子里始终都在兢兢业业地做一名职业赛车手，积极主动地不断完善自己的工作。多年前我曾经采访过的一些职业音乐人，他们也有和莎拉类似的日程表。这些音乐人需要面对电子邮件的狂轰滥炸，不得不在各种旅途上来回奔波，还得遵从经纪人的安排，去和媒体记者们共进早餐。可是即便如此，他们每天仍然会抽出几个小时坐到钢琴边，或拿起小提琴，或扯嗓子练声。很显然，要想有资格踏入卡耐基音乐厅的话，那些老生常谈的勤奋和努力仍然是必不可少的。

我们大多数人并没有那么远大的志向，没有盼望过要在历史悠久的舞台上演出，也没有想过要在印第安纳州波利斯500英里汽车比赛里角逐个把名次。然而要是你仔细思考一下的话，就会发现自己的工作其实也像是一场文艺演出或体育比赛，这里面的道理其实是相通的。如果你能够坚持每天多学多练并努力提高职业技能的话，那么你也同样可以把自己的事业提升到一个新高度。

所谓勤加练习，其实就是一个熟能生巧的过程。我们每天都会干很多重复的机械劳动，可是鲜有抱着提高目的去做的。我们在前面论述“计划”的章节里曾经提到过一本名叫《熟能生巧》的书，它是由“希望学校”的常务董事道格·莱莫夫和艾丽卡·沃尔薇、凯蒂·叶兹一同创作的。道格·莱莫夫说：“我们几乎每天都要开车出门，然而驾驶技术却没有太大的长进。”这一点显然和莎拉·费舍尔的情况完全不同。然后莱莫夫又说：“在商业领域里，这种例子可谓屡见不鲜。当年乳房X光摄像技术曾经火爆一时，但是在初期的热度过去以后，这个项目马上就全面降温了，到后来它的处境变得越来越窘迫。”其实相同的情况也会发生在教师身上——莱莫夫多年来培训过近万名教师，从而得出了这个经验。相应地，这种现象同样会发生在那些使用自动驾驶仪的销售员身上，而那些科研工作者也不能幸免。“请静下心来想想看，单凭每日心不在焉心的重复操作就能降低社会经济成本的话，那岂不是太莫名其妙了。”莱莫夫说。

任何富有技术含量的东西都是可以通过不断练习来获得提升的，如果你想把工作做得更漂亮、更高效，那么你就需要勤加练习才能达到目的。最佳的练习方法是一种所谓的“刻意练习”。在1993年的时候，安德鲁斯·埃里克森、拉尔夫·克兰普和克莱门斯·泰斯克罗门三人曾经在学术期刊《心理学评论》(*Psychology Review*)上发表过一篇非常著名的论文，该文详细讨论了音乐家的日程表安排问题，并且还明确地提出过这种“刻意练习”的方法。在理想状态下，这种方法包括两项内容，一是对个人表现的即时反馈，二是掌握某种技能所需的大量重复练习。

拿写作为例。俗话说忠言逆耳，你可以请别人对你的文章提出批评意见，然后把修改方案在脑子里酝酿一番，以此来提高你的写作水平。诚然，接受批评是痛苦的，然而这就是学习的必由之路，只有这样才能获得提高。久而久之，你将学会如何进行自我批评。(比如，“我的观点到底是什么？我的文字叙述究竟是主张支持还是表示反对？能不能在用词上更简练一些呢？”)请别忘了，在必要时你也可以寻求工具的帮助。2013年1月14日的《纽约客》杂志上刊登过一篇名为“结构”的文章。作者约翰·麦克菲在文中谈到，在文本编辑软件“Kedit”里有一个“选择所有”的功能按键，用它可以汇总显示用户输入过多少次符合文法却不应重复出现的词汇，例如像“抹去”“改善”这类的词汇。其实只有当麦克菲将这些冗词“抹去”后，才能“改善”自己的写作质量。另外，如果你想要增加写作量的话，不妨去开一个博客或坚持每天写日记。给自己安排的工作量越多，你的写作就会越有效率。我每周都要在不同的博客上更新内容，总共撰写六到七篇文章，并且连续坚持了三年时间，如今我的500字议论文写作速度已经提升了一倍。虽说今日的帖子或许写得不够完美，但是当年我在WordPress[①]上居然连“发布”的按钮都找不到，现在的水平肯定比当时要高得多了。

你也可以考虑在公共场合练习演讲。要知道最优秀的演讲者不一定非得是社交达人，他们只是一些身经百战的熟手而已。他们不断地磨炼自己，知道听众会如何反应，也懂得怎样去驾驭这种反应。同样道理，商务谈判和电话营销也都是可以拿来操练的，

① 国外的一个博客发布平台。——译者注

甚至公司开会也可以预先排练，特别是那些可能遭遇敌视性问题的会议。莱莫夫说："很多事情当场发生以后就再也不会重演了，要是你预先排练过的话，就可以占得很大便宜。要是在没有预演的情况下就去莽撞地搞什么绩效评估，那么就等于把大好的机会白白浪费掉，这对我来说是不可想象的。"

如果你吃不准自己应该练习何种技能，那么就请你的同事做一次投票吧，看看在他们心目中哪些技能是至关重要的。请从最为常见的问题开始，比如对于某一项技能来说，达到怎样的水平才算出色？如何练习才能提高水平？

希尔投资集团有一种信息实时反馈的企业文化，他们的员工往往把技能操练融入到每一天的工作当中。集团掌门人豪尔说："如果你想要和我们面谈一次再考虑是否接受我司服务的话，那么我们会从送你出门的那一刻开始，立即聚集起来开一个小会。大家会把各种问题拿出来讨论一番，比如'我们刚才的接待表现好不好？''我们应该改进公司的宣传方式，坐下来更加认真地听取客户需求，同时提出更有质量的问题。要想达到这些目标，我们应该做哪些工作？'在你的企业文化里应该明确规定，必须把这类小会看作一次大好机会，要不然这些讨论就全部是空洞的废话。"在信息反馈的原则面前，应当做到一视同仁，就连豪尔本人也不能例外。他说："对于我自己而言，最为常见的信息反馈就是说话更简洁，语句更紧凑，切中要点之后便闭嘴聆听。不要把自己看待问题的方式和角度强加到别人身上，千万不要有这种固执的念头。"

莱莫夫、沃尔薇和叶兹三人共同推荐仿真训练的方法。这是一种对现实的变相模拟，让你能够集中精力练习某项特定技能，就像一名篮球运动员在训练中努力尝试连续投中20个三分球一样。如果你正在为接受媒体采访而进行预演彩排，那么不妨请朋友过来问你几个可能涉及的采访问题，然后再一遍一遍地重复操练，这样你就知道怎样才能对答如流了。一旦学会了如何体面地回答问题，接下来就应该尝试更加自由随意地表达想法。就像莱莫夫指出的那样，加倍练习就能让你加倍轻松。通过重复的操练，让手头的事务自动运行，你才能腾出身心去做更重大的事情。举个例子，如果你上电视节目的话，请牢记要在摄像机前保持微笑，因为当主持人提到你名字的时候，镜头有可能切换到你的身上。如果你的团队下周要面对一个满腹怨气的客户，那么你们就应该先开一场模拟会议，把可能遭遇到的问题提出来，将其交给发言者事先操练一番。叶兹建议说："请在员工会议之中拨出15分钟来做演练。"其实大家都是渴望练习的，只要开了一个好头，接下去就会欲罢不能。所以说，就算是仅仅迈开一小步，它肯定也能开启一段很长的旅程。通常来说，人们总是希望把工作做得更好。他们既想得到信息反馈，又想知道如何利用和处理这种反馈。

格蕾丝·康同样也发现了这个道理。康早年在布鲁明黛尔百货公司等大型商场里工作过，后来自己在纽约市中心发起成立了粉色橄榄树精品店。她说："我有意识地训练自己在每个星期一去查看门店的销售情况。"作为门店的管理者，她熟悉掌握销售数据，以此来提升自己的业绩水平，同时还不断尝试新的商品组合。假如她的销售报告显示艺术纸品和家装小摆设的销量发生明显变化时，她就会开拓更大的店面空间来陈列这两种产品的组合。她还腾出时间来打电话给自己的设计师，同他们一起分享数据，讨论哪些方案是广受欢迎的，而哪些则无人问津。有意思的是，虽然这些设计师们的产品行销各地，可是他们经常听不到消费者的真实反馈。康说：“我把消费者的反馈意见传递给设计师们，因为这对他们而言是非常宝贵的。我手下的经理和我本人都花费了很多心血来告诉他们什么样的东西最好卖。如果某位设计师的产品非常畅销的话，我们就会把成功经验分享给其他设计师，这样就可以让他们有针对性地作出回应，并给我们公司打造出特别的产品了。虽然这项工作非常费时费力，但它的回报也是相当可观的。”

“你或许拿不出一半的工作时间来提高自己和团队的技能，可是要知道有很多人并不重视勤学苦练，所以一旦你把它养成习惯以后，你就会在工作中脱颖而出，”莱莫夫说，“这将是一个根本性的竞争优势。”

原则六：给自己“充值”

我平时经常收集一些过期的旧杂志。后来我偶然发现一家名叫Pastpaper.com的公司，这一下子使我的收藏爱好更有期待了。这家公司的总部设在宾夕法尼亚州的盖普镇，就位于兰卡斯特附近。他们给用户提供大约一百万份的杂志，最早的刊物可以追溯到1835年。他们定期给我送来《时尚好管家》《福布斯》之类的刊物。同我合作的几个编辑也都知道我有这个喜好，所以他们会从自己的电子档案里找东西出来发送给我。每当我打开纸质刊物的封面或开始浏览扫描文件时，就会投入整整一个钟头的时间，通过了解当时人们的时尚眼光，可以审视当年那一段段岁月。那些无处不在的潮流元素，毫无保留地呈现在我这个后来人的眼前。它们清楚明确地告诉了我，那些原本天经地义的事物会发生怎样翻天覆地的变化。

让我们来考察一下人们是如何看待自己的事业，又是如何引领个人职业生涯的吧，这些都是非常好的例子。在1956年的《福布斯》杂志上刊登过一篇由海曼·莫勒撰写的故事，故事的名字叫“20分钟打开事业的大门”。在文中莫勒这样写道：“1956年的3月马上就要到了，这将是一个热火朝天的月份。因为今年是美国有史以来大学毕业生最多的一年，会有20万名应届生走出校园，而其中大部分人将投身到商业中去。”（针对莫勒的文章，我曾给福布斯官方网站写过一篇东西。我在文章中提到，1956年颁发的379600个学士学位当中，有132000个学位是授予给女性的，可是她们日后的事业发展情况却很少有人关注。http://management.fortune.cnn.com/2012/07/20/fortune-1956-20-minutes-to-a-career-or-not/）当时美国的经济规模正在翻倍增长，像西尔斯、罗巴克这样的公司一般会雇佣500人，通用汽车则目标吸纳2000名员工，而通用电气甚至想招募2500人到其麾下工作。这种可喜的局面当然非常激动人心，但是在其表面下也蕴藏着内在的紧张和压力。就像莫勒所写到的那样，雇主和毕业生之间最基本的接触只是一场20分钟的面试而已。毕业生需要明白，对于他们当中的大多数人而言，一场简短的面试就解决了一辈子的饭碗问题。没错，凡是立志于到大公司就职的年轻人，都应该把眼前的工作机会当成毕生的事业来看待。虽然很多大公司愿意雇佣那些毕业两到三年的人，有的公司甚至还会聘用毕业五年的人，可是几乎所有大公司都坚持内部提拔的原则。所以说，无论是对于渴求进入大企业工作的人而言，还是对于雇佣这些人的企业来说，大学毕业的那一年似乎都是具有决定性意义的。

然而这一点也并不是绝对的。1956年出道的那一代人大体要到90年代末期才会退休，然而事实上有许多人都不是从四十年前的老雇主那里退下来的。很明显，在莫勒提到的那些公司里，有不少企业如今早已改头换面了。琼斯-劳克林钢铁公司当年招募了35名大学毕业生，后来在1984年的时候与共和钢铁公司合并成立了LTV钢铁公司，而该集团在2000年就申请破产了；宾夕法尼亚铁路公司和纽约中央铁路公司当年曾经向《福布斯》杂志社透露，说他们都非常渴望抢得1956年毕业的大学生。可是到了1968年的时候，这两个老冤家合并成了一家公司，而新公司到1970年就彻底破产了。在后来的岁月里，熊皮特的那套经济理论不再时髦，美国的企业也不再偏爱那种纯粹的内部提升原则了。根据克里斯特科尔德联合猎头公司的数据，从1995年到2012年，在名列标准普尔500指数和《福布斯》500强的公司里边，有39%的CFO和20%的CEO是从外部聘任而来的。虽然这意味着大多数同类职位仍然经由内部提升，但是根据海德思哲国际咨询公司的数据，在《福布斯》500强的公司里边，内部任命CEO的平均工龄只有16

年。鉴于领导就任年龄一般是50岁左右，那么这就说明大多数人的前半段工作生涯是在别处度过的。在几十年的经济放缓过程中，专业人士已经变得更加理性了，他们很乐意为了更好的机会而改换门庭。凯利猎头服务公司最近一份调查发现，超过40%的美国劳动者把自己看作职场上的自由人。我想，这种局面已经和当年《福布斯》前编辑威廉·H. 怀特在他的《组织人》(*The Organization Men*)一书中提到的情况大相径庭了。

这一切都表明，光是找到一个饭碗已经不够了——还必须做到随时都能找到“东家”。也就是说，你要密切关注“职业资本”这一重要概念。所谓“职业资本”，其实就是一个快捷简便的集合参数，它涵盖了一个人的阅历、知识、人脉以及个人品质。当你的“职业资本”水平很高时，你就能够在新的环境中随时随地占得先机，并且还有能力把自己的事业抬升到一个新高度，即便暂时休养一阵也不至于丧失谋生的本领。一流成功人士每天坚持给自己的“职业资本”“充值”，并把这种做法当成一项原则去贯彻执行。

“职业资本”的形式是多种多样的。如果你练习的目标是提升当前技能的话，那么所谓的“充值”就是告诉你要明确未来所需的知识和技术。如果你是一名技术人员或是一位画家，当你遇上陌生的技术概念或新颖的绘画手法时，你会把它们写下来并花时间去摸索调查吗？在开会这件事情上面，有些会议的内容你已经掌握了，而有些会议则包含了新的元素，那么你到底选择去参加哪一种呢？我们还可以继续引申开来，请问你平时会去参加职业技能发展方面的活动吗？你可不可以报一个进修班，学习一下老板常挂在嘴边的东西呢？你能不能找一个老师来辅导你，帮你弄清到底应该学习哪些知识和技能，从而替你未来五年十年、甚至二十年的职业生涯铺平道路？

你也可以给自己的“职业资本”创建一份直观明了的个人档案。请记得把内容全部落到纸面上，这么做的好处就是它们会一直存在于职场之中，即便在你不关心的时候，这些白纸黑字的材料也可以为你自动代言。正因如此，各行各业的专家能手们（比如医学界、政界、商界）都会撰写自己的书籍或是在行业期刊上面发表文章。当然，要想建立个人档案的话，写东西也不是唯一的方法，任何有形的成绩都一样有效。请学会偏爱那些看得见摸得着的成就吧，这并不是一个不道德的观念想法。当你正在考虑自己的项目时，不妨致力于做出可量化或有形的结果来。如果你是一个商场管理者，而那些“雇员参与计划”正在提升员工情绪，那么你理所当然地就应该对其有所察觉；如果你的营业额比同类商店低了30%，那么你就需要投入足够的关注并且把它记录下来。你可不可以在单位的公告栏上张贴一些东西（或在Pinterest上面上传几张图片）呢？可不可以对着这些东西骄傲地宣称，它们都是自己的杰作？如果你这么做了，那么就等于给自己的职业资本账户注入了又一笔资金。

最后一点，请打造一张忠实可靠的人脉网，这是最佳的“充值”方式。失业的一大痛处就是让你认清了狐朋狗友的真面目，身边很多人并不是你的知心朋友，他们看重的只是你的工作单位和职位头衔。其实这也没有什么，只要你能养成一个不断“充值”的好习惯就行。关键是你要意识到这一点：虽然朋友有时候帮不上什么忙，但是人脉网络仍旧是值得投入时间去好好经营的。

莎拉·费舍尔在2008年的时候开始从赛车手向车队老板转型，并在2010年彻底退出了赛车比赛。如今作为一名全职的企业雇主，她把过去赛车比赛的经验运用到日常车队管理之中。她把赛车运动比作过山车，因为它高低起伏，变化无常。前一秒你还以为自己的队伍胜利在望，下一秒就看到队友的车子被撞得一塌糊涂了。

就是抱着这样一个对胜利不确定的态度，费舍尔把注意力转移到了赛车手本身上，她觉得在这个领域自己更加得心应手。在我的“CBS财富观察”博客上有关于领导力的话题，她针对这个方面告诉我说：“我们关心赛车手的家庭生活，同时也关心整个车队所有员工的家庭，因而我们常常会花五分钟或十分钟来和他们谈谈心。不管他们是在车队里训练，还是在外面打比赛，我们都会向他们打个招呼并简单地聊几句。”这一点说起来容易，做起来却并不轻松。作为车队的头面人物，她需要在公众面前大量露脸，还不得不同赞助商频繁接触，因为这是一项非常烧钱的运动。尽管如此，她心里还是明白，拿出五分钟没有什么大不了的。仅仅为了短暂的打断就暴跳如雷的话，会严重损害一个人的“职业资本”，况且从长期的眼光来看也节省不了多少时间。相反地，若是你给予别人全身心的关注，那么就会给自己的职业资本账户又存下一笔钱了。

如今人们已经不再抱着一个饭碗吃一辈子了，所以对于那些不是同一单位的人，你也同样需要投入时间来关心，两者皆不可偏废。车迷是赛车运动的重要组成部分，所以莎拉·费舍尔·哈特曼车队（SFHR）在社交媒体上也非常活跃。当我正要给莎拉的“谈心哲学”写点东西的时候，SFHR已经抢先一步在推特上发布了链接信息。与其速度同样迅猛的还有该车队的发展规模，他们在印第安纳州斯皮德韦镇获得了一块崭新的场地，面积有38000平方英尺（约5.3亩），而该场地恰恰正是印第安纳波利斯赛车场的主基地。其实这也是迁址的部分原因，车队可以借此提高车迷粉丝的客流量，同时把人气都吸引到自己车队这边。“我们想要融入到车迷互动的活动中去，真正地展示一下我们的车队，”费舍尔告诉我说，“我觉得这会给我们的比赛增添几抹别样的色彩。这种近距离的接触非常讨粉丝们的欢心，既可以提升车队抛头露脸的曝光率，又能够延伸我们的商业触角。”

费舍尔的这段话非常有道理，大家都应当把它牢记于心。请你不妨扪心自问，在提高公众曝光率和开拓业务范围方面，我今天做了哪些努力？其实每个人都能够随时联系到一两个用得着的专业人才。当某位朋友从心爱的职位上解聘下来时，你应该邀请她出来共进午餐，把你自己的人脉关系分享给她。要知道真正的“职业资本”就是这样积累起来的。记住，生活当中有些时刻是非常关键的。如果你因为日子过得太繁忙而想要回避这个习惯的话，那么不妨写一张“存款单”，就像你去银行存钱一样。在生活中，或许你做了某些化腐朽为神奇的努力，或许你有某种回报社会的本领，又或许你刚刚获得了零星的知识和经历。凡此种种，你都可以把它们记录下来，就记在笔记本上或私密文档里。你永远不知道什么时候会用到自己的“职业资本”，搞不好一辈子都未必用得上，可是它就像医疗保险一样，有总比没有要好。

原则七：追寻快乐

如果说我对旧杂志上的文字情有独钟的话，那么卡里·哈奇则对广告图案青睐有加。哈奇在华盛顿特区拥有一家名为MDB Communications的广告公司，每当有顾客登门拜访时，她就会闪现出很多创意和灵感，这是因为在她的办公室里摆放着大约120到130个广告标识。“我的身边全部是各种各样的品牌图案，比如Snap，Crackle，Pop，Trix Rabbit，”她环顾四周，如数家珍地报出它们的名字，“我从电脑游戏‘躲避诺伊德’里找来了诺伊德兔子，那个家伙有九英尺高，就摆在我的斜对面位置。我这儿还有果脆圈的鹦鹉，各种各样的啤酒商标，还有花生先生[①]、怪兽网的大怪兽[②]、美国家庭人寿保险公司的白鸭商标（Aflac Duck）、朗白先生[③]，以及麦当劳大叔。其实品牌的威力在于它们能够与受众建立起一种情感上的联系。要想把一个品牌图案拟人化，可以有多种方法来实现，比如政府雇员保险公司（GEICO）把他们的商

① 国外的一个博客发布平台。——译者注

② 怪兽网的大怪兽，Monster.com，是美国职场网络平台。——译者注

③ 朗白先生，Mr. Clean，美国厨卫清洁剂产品。——译者注

标定为一只会说话的壁虎。只要你把商标活灵活现地送到受众面前，就会在情感上更加亲近观众。我之所以会想到这个一针见血的道理，正是因为受了那个大男孩商标[1]的启发。这个商标摆在会客室里栩栩如生、憨态可掬，让每个人都感觉精神舒畅。”

然而真正提升她情绪状态的东西，正是她对这份工作的热爱之情。她乐于思考广告方案和商品拟人化的问题，喜欢看到她的队伍团结起来实现梦想。当她坐在制图桌前工作时，她对我说：“我常常会告诉自己，我把广告灵感融合到一起，客户将来一定会酬谢我的！”她总是热衷于帮助别人尝试新鲜事物，这股热情可以追溯到当年担任Pep俱乐部[2]主席和参加学校啦啦队的时候。她说：“全情投入到钟爱的事情之中吧，这样你就能够得到回报。对我来说，领会这个理念就好比是过了一个主显节（主显节是基督教中纪念耶稣显灵的日子，定在每年1月6日）。”这就是保证她长时间工作的动力所在。哈奇的公司最近有一名新客户，每次打电话都很难联系到本人，而且即便是接通了，她也不知道能否在电话里把对话的要点记录清楚。所以她就把新客户的档案放在自己包里，随身携带整整两天也毫无怨言。我想正是那种理念在默默地支持着她吧。正如她自己所说的：“如果一个人成天盼着周末放假的话，我无法想象这会是一种什么样的生活。”

这正是一流成功人士拥有的独到见解，它让人们学会了如何更好地利用自己的工作时间。很多福利好的公司只会提供免费零食

① 大男孩，Big Boy，美国餐饮公司商标。——译者注

② Pep 俱乐部，帮助孩子增强自信，提高社交能力的组织。——译者注

和不花钱的健身房，却常常忽视了这个理念。而有些更为吝啬的人甚至还高谈阔论地说："没人要求你喜爱它！干活就是这样的！"成功人士明白这样的道理，把每周40到50个小时用在不感兴趣的事情上，你将不得到任何收获，然而只有非常特定的某些事情才能激发你的兴趣。

于是我们发现，生产效率的提高其实是在快乐情绪主导下所产生的一种效应。而这种快乐情绪不能依靠几颗免费的巧克力豆来实现，它来源于我们成功之路上的点滴进步。特瑞莎·阿玛贝尔来自哈佛商学院，她和发展心理学家史蒂文·克拉莫在2012年的时候联合编著了《积少成多的法则》(*The Progress Principle*)一书。该书详细分析了将近12000份日记记录，所有样本全部来自七家大公司的工作团队。阿玛贝尔和克拉莫发现，当所谓的"内在职业生活"(即人们在工作中表现出来的观点、情绪、动机等)处在良好状态下时，人们就会把注意力集中在工作本身上面，而且会更深入地投身于团队项目之中。人们会紧紧地把握住眼前的机会，并努力干出一番好成绩来。然而当"内心职业生活"是负面状态时，人们就更容易在工作中开小差。他们的心思会游离于团队项目之外，对眼前的目标敷衍怠慢。那么到底什么东西能够产生正面的"内在职业生活"呢？阿玛贝尔和克拉莫对那些日记做了详细分析，并对调查对象的当日情绪进行了评估。结果发现，在调查对象"最美好"的日子里，他们常常取得某些具体的进步。在评分最高的那些天中，有76%的日记条目记载了各种局部小胜利和个人小突破，清楚地标明了日记主人在项目过程中所取得的进步以及最终完成的某些目标。虽然有些因素看上去很重要（比如被老板口头鼓励），但是相比之下，那些具体的进步更有资格为“最美好”的日子代言。而最为糟糕的日子则往往包含了记录人在项目上的倒退，而不是仅仅记载了某些明显的负面因素（比如被同事侮辱）。就像阿玛贝尔和克拉莫在他们的书中提到的那样：“如果你在有意义的工作上取得进展的话，那么就会点亮你的‘内心职业生活’，进而提升你的长期工作表现。那些货真价实的成绩能够激发你的积极情绪，让你体会到快乐和满足，甚至让你感觉十分享受。”

正是这种不断取得进步的理念才使得童书插画的工作让人心满意足，因为你能亲眼目睹自己正在渐渐地构筑一个圆满的、风趣的故事。像哈奇所做的那样，给自己倾慕已久的组织打造一则广告宣传，从而进一步提升该组织的整体形象，在这个过程中你也能够体会到自己所取得的进步。“我们正在给国际间谍博物馆搞形象宣传，”哈奇说，“主题为‘邦德之敌五十载’。想想看，有谁不喜欢给间谍博物馆做项目呢？”实际上，如果人们想要获得快乐的心情，进而提高自己的生产效率的话，做这种明显很有趣的工作并不是唯一的方法和途径。阿玛贝尔和克拉莫引用了一条曾令他们欣喜若狂的日记记录，该记录上面记载了某个软件团队为了帮助自己的组织打赢一场官司，居然放弃了周末的休息时间，全部聚集在一起为这场官司准备必需的数据和材料。员工玛莎这样写道：“今天我们科室又像是一支真正的团队了，这种感觉真是振奋人心，我们暂时忘却了目前所处的窘境，大家日以继夜地工作，为的就是要把这件大事做好。虽然我在这里已经连续工作了15个小时，但今天是我好几个月以来最为高兴的一天！！”请你记住，只有一样东西才是真正重要的，那就是在你实现重要目标的路途上所取得的进展——这同时也恰恰是玛莎那两个感叹号的最佳注脚。

其实这个渐进发展的道理同样也适用于你的本职工作。你狠下功夫埋头苦干，摒弃了那种犹如环绕着易搁浅沙滩贴岸航行的做法。随后，你目睹了自己一步接着一步的进展。最后，就在你意识到了困难可以成功克服的那一刻，你的内心会感到十分喜悦。就在那个瞬间时点上，你的付出终于有了回报，一切都变得合情合理、顺理成章了。想象一下，作为一名教师，你教会了学生领悟某本小说的魅力；作为一名学生，你做完了某次采访，进而完成了一篇论文，随后感到激动万分。

如果对你而言这是一种久违了的感觉，那么或许现在就应该做些改变了。请你腾出几小时的工作时间来回忆一下，想想当时最后一次享受这种喜悦的情景，然后思考一下如何创造条件来再现这种情景。其实有很多方法都可以帮你把手头不得不做的工作转变为自己想干的事情，如果你认同公司的价值观并且和同事们相处愉快的话，那么至少在工作日的大部分时间里，这种转变是可以做到的。每天改变一点点，持之以恒就会有效果。一流成功人士总是不断地审视自己的时间利用情况，评估哪些东西给他们带来了快乐，而哪些东西却没有做到。随后他们就知道了应该投入更多时间去追寻快乐，并在无关紧要的事情上节省精力。虽然工作时间有时候看上去颇为冗长，但是它也并不是无边无际的。同样的道理，一个人的生命也是如此。请你每天都去追寻快乐吧，这样做可以产生惊人的工作效率，而你手头的工作也就不再像是纯粹的劳动了。就像雷韵·菲所说的那样："这种感觉妙极了。"

WHAT THE MOST SUCCESSFUL

PEOPLE DO BEFORE BREAKFAST

附 录

Appendix

新的早晨，新的人生

这本书讲述了成功人士是如何进行时间管理的，希望你在阅读之后能够得到些许启发。或许你会问我这样一个操作层面的问题：在实际生活当中，这些方法真的有用吗？

在2013年1月份的时候，我接触了不少登录到我网站（LauraVanderkam.com）并下载表格的人。我问他们是否愿意接受援助，让我来帮他们在时间管理方面做一个彻底的转变。结果有几百个人都回应了我，其中不少人还为我做了整整一个星期的时间记录。在这些日志中，他们分别记录了花费在各种事务上的时间，包括工作、睡觉、游玩、做家务、陪孩子玩、收看电视。我询问他们对自己的日程表有什么看法，比如想要在哪些活动上投入更多时间，或者在哪些事务上干脆彻底退出。我们共同做了一场头脑风暴，想出了一些好办法，并且还着重关注这样一个问题：

一个更为理想的早晨如何将一整天的日程也相应地变得更完美。

下文列示的是四名生活大忙人的日程表，还有一些我们总结出来的早晨好习惯。同时为了让人们的一天过得更为理想充实，下面还会包括几条针对其他时段的安排建议。

日程表一：格雷格

格雷格·摩尔是圣徒联合卫理公会教堂的一名主任牧师。这座教堂位于北卡罗来纳州罗利市。虽说是一座新建的教堂，但它的发展速度很快，用摩尔的话说："这既让人兴奋，又使人疲惫。"

正当摩尔全力发展教堂事业之际，他的家庭也在不断增添新的成员。他和妻子莫莉（兼职从事统计分析的工作）生养了两个孩子，年龄分别是3周岁和1周岁。下表列示的内容就是他在2013年某一周的安排情况：

	星期一	**星期二**	**星期三**
早晨5点	睡觉	睡觉	睡觉
5:30			
6:00			
6:30	起床洗漱		
7:00	帮宝宝起床穿衣	起床洗漱	起床洗漱
7:30	吃早饭	帮宝宝起床穿衣并吃早饭	帮宝宝起床穿衣并吃早饭
8:00	祈祷	祈祷	驾车去开会
8:30	写电子邮件	写电子邮件	会见主教
9:00		神学研讨会	
9:30			
10:00		为电话会议做准备	

让我们来看看他的日程表吧。其实不难发现，摩尔拥有一些非常好的生活习惯，他一有空就会去健身房进行锻炼（他曾说过："我要是哪天不出点儿汗的话，就会感觉精神紧张"）。因为需要应付教堂里的事务，所以他的一整天时间是割裂开来的。摩尔常常迫不得已地需要在晚上主持会议。很明显，由于神职工作的性质，他在礼拜天也必须上班。因此，他就把礼拜五拿出来当作交换，于是日程表上才有了周五去博物馆游玩的记录。不过就在那个礼拜五当天，他其实还主持了一场葬礼。牧师的时间就如同家长的时间一样，总归无法完全自我掌控。他每个礼拜四都要抽出好几个小时来准备礼拜天要宣讲的布道内容。然而他发现自己拿不出时间来继续撰写手头这份婚礼时间安排表，更别说那份早欲完成的专题演讲词了。

那么，在摩尔繁忙的生活当中，他是如何抽空来应对那些工作

星期四	**星期五**	**星期六**	**星期天**
睡觉	睡觉	睡觉	睡觉
			起床，洗漱
起床，洗漱		吃早饭	为祈祷活动做准备
帮孩子们起床，准备吃早饭	吃早饭		
祈祷		和孩子们一起玩	
	和孩子们一起玩		
写电子邮件		整理房间，做家务	开车去教堂
准备布道内容			和其他神职兄弟一起做准备
	和孩子们一起出去买东西、办事情		
		跑腿买东西	主持祈祷活动

	星期一	星期二	星期三
10:30	打扫房间 / 洗衣服	神职人员电话会议	
11:00	准备会议内容		
11:30		开车与同事一起吃午饭	
中午12点		和南森吃午饭	
12:30	驾车去开会		
下午1点	参加神职人员会议	开车回办公室	
1:30		准备圣灰星期三的布道内容	
2:00			
2:30			开车去办公室
3:00	开车去健身房	开车去健身房	写电子邮件
3:30	健身锻炼	健身锻炼	
4:00			和雷一起研讨神职工作计划
4:30	开车去接孩子们	开车去接孩子们	
5:00	接孩子们上车	接孩子们上车	
5:30	开车回家	开车回家	主持全体会议
6:00	准备晚饭	前去主持宣教会议	
6:30	吃晚饭		开车回家
7:00	给孩子们洗澡		给孩子们洗澡
7:30	讲故事给孩子们听，然后哄他们睡觉		讲故事给孩子们听，然后哄他们睡觉
8:00	主持神职人员会议		和莫莉在一起
8:30			主持神职人员会议
9:00	看电视		
9:30			看电视
10:00	看书		
10:30		开车回家	看书

星期四	星期五	星期六	星期天
		和家人一起徒步游玩	
	健身锻炼		
	和家人一起吃午饭	和家人一起吃午饭	和教堂乐队的主要成员一起吃午饭
	和家人一起去参观博物馆	整理房间，做家务	
			开车回家
和教友们一起聊天			写电子邮件
		全家一起拍照	
开车去健身房	开车去开会		
健身锻炼	与咨询公司的人会见		拜访教友
前去接孩子们			
开车回家	开车回家	同家人一起外出吃饭	准备晚饭
准备晚饭	准备晚饭		吃晚饭
和家人一起吃晚饭	和家人一起吃晚饭	开车回家	
给孩子们洗澡	给孩子们洗澡	给孩子们洗澡	给孩子们洗澡
讲故事给孩子们听，然后哄他们睡觉	讲故事给1岁的孩子听，然后哄他睡觉	讲故事给孩子们听，然后哄他们睡觉	讲故事给孩子们听，然后哄他们睡觉
和莫莉一起看电影大片	和3岁的孩子、莫莉一起看电影大片	写电子邮件	看电视
		和莫莉一起看电视	
			看书
	哄3岁的孩子睡觉		
看书	看书		

	星期一	星期二	星期三
11:00	睡觉	睡觉	
11:30			睡觉
夜里12点			
12:30			
1:00			
1:30			
2:00			
2:30			
3:00			
3:30			
4:00			
4:30			

要务的呢？就像很多为人父母者一样，等到把孩子们哄睡觉之后，摩尔夫妇也都累得半死了。他们用最后一点临睡前的时间来看一会儿电视。虽然这是沟通情感的良好方式，但它远不及一场约会来得有意思。我建议他定期带爱人出去吃“约会午餐”，要知道这个活动在日程表里也是可行的。只要有了这种固定的安排，他们就无须依靠看电视的习惯来证明自己是一对像样的夫妻了。他把看电视的时间节省了下来，这样就可以更早地上床休息了。于是他便能够在早上5:30左右起床，趁孩子们还没睡醒之前，先用一个钟头的功夫实实在在地写一点东西。

我建议他在这段时间里首先去安排婚礼日程。这种写作无须借助图书馆资料，也不必请人过来帮忙，所以看起来颇为可行。随着每天早上逐步的进展，他慢慢形成一种内心的动力，想要把这项写作练习变成一种日常习惯。一旦摩尔把这种“早班”工作

星期四	星期五	星期六	星期天
睡觉	睡觉	睡觉	睡觉

培养成了习惯，并且同时完成了婚礼日程的安排，那么他就可以着手把布道写作的时间挪到早上5:30来进行了。于是他便能够将这些从星期四腾出来的时间——原本进行布道写作——用来攻克他的专题演讲了。

他非常喜欢这个主意，但是怀疑自己是否有能力这么早爬起来。他告诉我说：“我不是一个习惯早起的人。”看着他无可奈何的样子，我觉得自己就像是在给牧师行贿一样。他向我透露，只需一小杯现煮的咖啡就能鼓动他下床。后来他接受了我的建议，并给楼下的煮锅设定了一个时间，同时还在楼上主卧室里连通一个小型咖啡机。这样一来，当早上闹钟铃响时，他的咖啡也已经煮好了。芳香迎面扑来，他甚至不用下楼就能先喝上一杯。当他爬起来享用咖啡时，头脑也基本上清醒了。

虽然一切预想得如此美好，可是当他老老实实地买来咖啡机摆到楼上之后，第一天早晨就睡过了头。于是他又试了一次，结果回来对我说："我总是改不了坏毛病，总是在迷迷糊糊的时候就草草地摁掉闹铃，然后一眨眼的功夫时间就已经到了6:30。这时候连我3岁的孩子都已经走到了床边。"于是我们俩人一致决定，还是慢慢来比较好。最终这个早起写作的计划被分为三个独立项：一是按时睡觉，二是早点起床，三是动笔写作。他可以首先把注意力放在前面两项，待完成它们以后，再去瞄准某个具体的写作目标。

事后的结果证明，这种思维方式上的转变确实起到了关键作用。当我在3月初再次跟进回访的时候，他反馈信息给我说："我上个礼拜真的取得了一些进步。我每天晚上都能更早上床休息，目标是在次日5:30醒来。凑巧的是，恰好在给你写邮件的当天，我终于达成了这个目标。我发现其实不用在工作时间上面绞尽脑汁，只要我好好地把握晚上这段时间，就可以轻易地起床做事情了。"

日程表二：达伦

达伦・勒施是一名助理教授，在得州达拉斯市贝勒牙科医学院任职。他平时教授药理学、生理学和神经科学的课程，并且还致力于教学研究工作。当我们初步接触的时候，他正在攻读卫生保健专业的硕士学位。他的住所距离自己的单位很近，所以能够步行去上班，中午的时候还可以回家吃饭。以下是他的日程表：

	星期一	**星期二**	**星期三**
早晨5点	洗澡、遛狗、吃早饭	洗澡、遛狗、吃早饭	洗澡、遛狗、吃早饭
5:30			
6:00			

勒施告诉我说："我正在努力培养某种生活习惯，以便我可以照顾到自己的方方面面。"这里所谓的"方方面面"，包括了授课、备课、教学研究、临床研究、撰写论文、攻读硕士学位，等等。那么他的困难在哪儿呢？按他自己的说法就是："我不是一个循规蹈矩的人，我喜欢那种来去自由的生活。"可是对于那些他想要达成的目标来说，这种自由散漫的作风看来是没有什么帮助的，只会草草地了结一天，使他毫无进展。

我问他准备在每一项目标上投入多少时间。他告诉我说："我想每天用两个小时来备课，用一个小时来攻读硕士课程。我不太善于把握好那些宝贵的写作时间。在一切顺利的情况下，我会安排两段时间来从事写作，一段用于撰写学术文章，另一段则用于更新网络博客，每段时间至少有一个小时。"勒施有的放矢地开始了每一天的生活，他也确实是一个有能力早起的人。他一大清早就开始忙活，把写日记当成每天头一件要做的事情。然而他实在太迷恋上网了，很多茶歇时间都被用在了看网页和查邮件上。因此，他希望能够获得一些建议来帮助他控制住这种局面。

其实这种划拨四个时段（每段一至两小时）的做法在理论上是可行的。勒施没有孩子，而且还曾表示没有什么东西能够阻止他加班工作。然而，一个人倘若在清晨5点钟的时候就早早地起床，

星期四	星期五	星期六	星期天
洗澡、洗漱等	洗澡、洗漱等	洗澡、洗漱等	洗澡、洗漱等
步行去上班	喝咖啡，上网		

	星期一	星期二	星期三
6:30	步行去上班		
7:00	冥想，反省自己，写日记	冥想，反省自己，写日记	冥想，反省自己，写日记
7:30			
8:00	写电子邮件，列出要务清单	喝咖啡，上网	写电子邮件，列出要务清单
8:30			备课
9:00	在周围街区散步	在周围街区散步	
9:30	攻读硕士课程	学术写作	在周围街区散步
10:00			备课
10:30		喝咖啡，上网	
11:00	步行回家，遛狗，吃中饭，再步行回单位	步行回家，遛狗，吃中饭，再步行回单位	步行回家，遛狗，吃中饭，再步行回单位
11:30			
中午12点			科系会议
12:30	工作电话		
下午1点	在周围街区散步	备课	神经科学讲座
1:30	在网上玩一会儿		
2:00		思考问题，明确目标	在周围街区散步
2:30			思考问题，明确目标
3:00	神经科学讲座	在周围街区散步	
3:30		吃点心	
4:00	更新要务清单	思考问题，明确目标	
4:30	写日记		步行回家
5:00	步行回家	步行回家	放松心情、看书等
5:30	放松心情、看书等	放松心情、看书等	
6:00			
6:30			
7:00			

星期四	星期五	星期六	星期天
冥想，反省自己，写日记			
	冥想，反省自己，写日记	和狗待在一起	
列出要务清单，写电子邮件		喝咖啡，思考问题	
喝咖啡，上网	列出要务清单，写电子邮件		遛狗
修正那些工作网站上的内容			喝咖啡，思考问题
备课	完成要务清单上的日常事务		
		酗酒者互戒会	
	备课		洗澡、洗漱等
攻读硕士课程			去教堂做礼拜
步行回家，遛狗，吃中饭，再步行回单位	步行回家，遛狗，吃中饭，再步行回单位	跑腿事务	
	科系会议	冥想，写日记	
喝茶，上网			
电话会议	思考问题，明确目标	遛狗	酗酒者互戒会
		理发	
			跑腿事务
思考问题，明确目标			
		家务事	
写日记	计划下周的目标		冥想，写日记
步行回家，放松心情	步行回家		打个小盹
看书	放松心情，看书等	放松心情，看书等	
			放松心情，看书等
	外出吃晚饭		制定下周的要务清单

	星期一	星期二	星期三
7:30	吃晚饭	吃晚饭	吃晚饭
8:00	放松心情、看书等	放松心情、看书等	放松心情、看书等
8:30			
9:00			
9:30			
10:00	睡觉	睡觉	
10:30			
11:00			
11:30			
夜里12点			
12:30			
1:00			
1:30			
2:00			
2:30			
3:00			
3:30			
4:00			
4:30			

那么他就很难在晚上7点的时候仍然维持高强度的脑力劳动。我自己也小心翼翼地尽量不把时间排得太满，而这正是很多公司存在的弊病。在他们的日程表里，一天之内大大小小的会议可以占据7个小时。要知道，意外的事情总是会不期而至，如果你已经神经紧绷地开了7个小时的会，那么就无力再去应付那些计划外的事情了，同时也无法把握住新的契机。所以说，一个比较好的方法是调拨出四个时间段，每段的时长为一个钟头，然后看看这么做的效果到底如何。

在勒施的四个优先任务当中，他把“学术写作”看成是最大

星期四	星期五	星期六	星期天
吃晚饭			
上网玩一会儿			吃晚饭
睡觉	睡觉	睡觉	睡觉

的挑战，其次是教学课程的准备工作。鉴于他明显是一个习惯早起的人，所以我就建议他一到办公室就先去对付最难啃的一块骨头。要知道在那个时候，人的头脑还是非常清醒的。

以下是我们共同筹划出来的日程表：

7:00–8:00　学术写作

8:00–8:20　散一会儿步，喝一杯咖啡，不要去查看电子邮件

8:20–9:20　教学课程的准备工作

9:20–9:45　散一会儿步，简要地浏览一下电子邮件，只回复那些要紧的事

9:45–10:45　撰写网络文章、更新博客

他常常很早就吃完午饭，在11点之前离开办公室步行回家，然后把宠物狗放出来遛遛，最后在正午之前返回单位。

在这之后，勒施常常会有几个小会议要开，有时候还会给学生们上几堂课，或者是同他们一起讨论问题。我建议他应该提前一周审视自己的日程表，看看可不可以在每天下午抽出一个钟头来攻读硕士学位。如果他在傍晚5点钟下班的话，那么就必须在中午12点到傍晚5点之间拿出一个小时来，这样就可以预留出很多时间来补做其他事情了。只要意识到自己在午饭之前已经完成了四件任务中的三件，那么他就会感觉更加轻松，并且还有功夫来处理那些半道上杀出来的事情。

过了几周以后，他向我反馈情况。他说："这些天里我一直都在用这张日程表。我花费一个小时来写作，然后在家附近区域散一会儿步。等我回来以后，再花一个小时来备课，接着又出去逛一圈。当时间到了第三个钟头的时候，我发现自己还必须再花一个小时来备课，因为我要给接下来的一系列课程准备好若干讲义，而且最后期限也已经离我不远了。"结果他顺利地完成了那些教学课程，进而想把日程表重新调整为原先计划好的样子。他仍然在反复考虑是否有必要继续花一个钟头的时间来上网，为此他还雇了一名职业规划师来共同研究这个问题。

勒施很享受那段放松散步的过程。他说："我发现散步能让我神清气爽，全面提升我的工作效率。"同样地，把学术写作当作早晨醒来的第一件要务来做，这种方法也是一针效果显著的强心剂。

他又说：“手头的稿件已经可以递交了，现在我把重心转移到了另一项课题上。”

我曾经给他提出过建议，希望他把写日记的事情挪到临睡之前再去做，而不要像往常那样一大清早就去写。因为我担心，如果以这种轻松的写作方式来开启全新一天的话，就会在余下的时间里丧失对学术论文的关注度和紧迫感。勒施对我的这个观点将信将疑，他生怕自己不在早上写日记的话，就再也挤不出时间来写了。后来他想出了一个办法，他叫同事早上过来帮他照看小狗，这样就可以早一点赶到办公室写日记了，而且也不会晚于新日程表上规定的7点钟“开工时间”。然而没过一个礼拜的功夫，他就发了一封电子邮件给我。他向我承认说：“或许应该放弃那个工作之前先写日记的念头了，我准备重新采用你原来的建议。因为我今天遇上了困难，当我写完有趣的日记以后，就再也无法专心投入到学术写作中去了。”

我们应该知道先做什么和后做什么，这一点其实非常重要。随着勒施渐渐意识到一项好习惯的重要性，他开始反对把会议摆到早上进行，因为他要保护好早上这段效率的“爆发期”。勒施说：“我觉得‘外出散步’和‘制定日程表’这两样法宝对我的帮助非常大，它们使我精力充沛，催我勇往直前。”

日程表三：杰基

杰基·沃恩茨是一名律师，任职于芝加哥一家小型律师事务所。她的丈夫马特也从事着相同的职业，他们的儿子有1周岁大。夫妇的生活紧张而忙碌，工作日里常常会加班加点，回到家中还需照料孩子。就像沃恩茨所说的那样："现如今真的很难找到闲余时间来从事原本喜欢的活动，比如健身、阅读、会友、参加社区活动等。这对我来说是一个艰巨的挑战。"以下所列示的就是她的日程表：

	星期一	**星期二**	**星期三**
早晨5点	睡到6:30（在5:30到6点之间给宝宝喂奶）	睡到6:50（在5:30到6点之间马特去给宝宝喂奶）	睡到6:50（在5:30到6点之间马特去给宝宝喂奶）
5:30			
6:00			
6:30	睡觉，洗澡		
7:00	洗漱打扮，帮宝宝起床穿衣	洗漱打扮到7:10	洗漱打扮到7:10
7:30	哄孩子吃饭；和马特、宝宝一起吃饭；写邮件给同事，告诉他们我家宝宝生病了，所以今天我在家办公	上网一直上到7:30	和马特、宝宝一起聊天，一直聊到7:20，然后开车去上班
8:00	在家办公（从早上8点到下午4:15大约7个工作小时：分配2个小时给我的本职工作；分配0.8个小时来协助合伙人的工作；花4.2个小时来应对客户的案子，按最低价格计费），放下工作去照顾宝宝，并接着吃午饭（在孩子生病的日子里，马特也待在家里陪护，主要的事情都由他来照顾），在4:15到4:45的时段里陪孩子玩耍	帮宝宝起床，然后哄宝宝吃饭。把宝宝的东西准备好，等待保姆上门。收听电台，然后一边做以上事务一边把电台内容讲给宝宝听	工作

沃恩茨和丈夫一起想出了不少好主意，这一点给我留下了颇为深刻的印象。他们在周五晚上同其他家庭轮番照看孩子，这使得所有人都能有机会在晚上外出活动，而且还不用每隔一周就花

星期四	星期五	星期六	星期天
睡到6:20（在5:30到6点之间给宝宝喂奶）	睡到6:20（在5:30到6点之间马特去给宝宝喂奶）	睡到7:30（在5:30到6点之间给宝宝喂奶）	睡到7点（在5:30分到6点之间给宝宝喂奶）
洗漱准备到7点	洗漱准备到7点		
带狗去宠物日托中心，开车去上班	在7:30的时候开车去上班		帮宝宝起床，哄宝宝吃饭，准备早饭，在8:15之前帮宝宝梳理打扮好准备前去教堂做礼拜
工作	工作到下午4:15，然后开车回家，4:30到家	趁马特哄宝宝吃饭的时候，给马特和我两个人准备早餐，然后和他一起边聊天边吃饭	
		梳理打扮好准备出门（15分钟），和马特、宝宝、小狗一起出门散步，直到9点才回家	8:15同马特、宝宝一起前往教堂，沿途吃早餐喝咖啡

	星期一	星期二	星期三
8:30		8:15出门去上班	
9:00		工作	
9:30			
10:00			
10:30			
11:00			
11:30			
中午12点		同年轻律师一起吃午饭，他对教育法颇感兴趣	
12:30			
下午1点		工作，然后坐出租车回家（晚上8:45到9点）	
1:30			
2:00			
2:30			
3:00			

星期四	星期五	星期六	星期天
		上网一直上到9:15，出门去做心理咨询，10:30回到家里	做礼拜（延续到10点），然后步行回家（10:15）
			10:15到11点是上网时间（训练宝宝自己上厕所的课程视频，婴儿肢体语言的研究视频）
		和马特一起写购物清单，帮宝宝起床，给他吃点心	准备出发去健身房
			11:15正式出发前往健身房
		带宝宝一起去买东西	在健身房健身
和女同事一起吃午饭			
		哄宝宝吃午饭，把买来的东西放好	同马特、宝宝一起吃午饭，然后陪宝宝玩耍
工作到4:15，下班前往宠物日托中心把小狗接回来,5点钟到家		陪宝宝一起玩，然后陪马特看完篮球比赛的结尾	
		上网	洗澡（15分钟），在工作博客上写文章
		做好去健身房的准备，下载播客文件（一直到2:20）	
		开车去健身房，然后在健身房健身，最后再开车回来	

	星期一	星期二	星期三
3:30			
4:00			
4:30	4:45到5:30进行健身锻炼		
5:00			开车回家，放狗出去活动，换衣服
5:30	一边准备晚饭一边与马特聊天，他正在和孩子一起玩，还同密友们发短信		哄孩子吃晚饭，陪孩子玩耍（10分钟，一边陪孩子玩一边和母亲打电话）
6:00	叫宝宝来吃晚饭，然后做好就寝准备		
6:30	烧晚饭，并给孩子的1岁生日写一张贺卡		叫宝宝来吃晚饭，然后做好就寝准备。趁马特哄宝宝上床的时候来打扫屋子
7:00			洗澡，看时尚杂志
7:30	洗澡，吃完晚饭		上网看文章，和马特聊天并一起吃饭
8:00	和马特一起吃饭		

星期四	星期五	星期六	星期天
		看完电影的结局部分	陪宝宝玩耍
		洗澡，吃点心，上网	好友带着她的孩子过来同我们一起玩
		和宝宝一起玩，哄宝宝吃饭，给他洗澡，哄他上床，在他的房间里玩，然后整理他的衣服（直到6:15）	
和宝宝一起玩，哄他吃饭，然后哄他上床（洗澡）	和保姆聊天，和宝宝玩耍，哄宝宝吃饭		
	另一个宝宝F到我家来交换照看（因为他的妈妈出门了），和他玩到6:30，这时候马特回家了		
		6:15朋友过来吃晚饭，陪宝宝玩然后哄他睡觉，一边准备晚宴一边唠家常，然后吃晚饭，聊天	
约闺蜜吃晚饭	把F放到床上，然后再来照顾自己的宝宝；同好友格温一起策划一场婴儿派对；在网上订购派对礼物，在马特烧饭的时候同他闲聊		烧饭
			和马特一起吃晚饭
	家庭约会之夜！借电影光碟，在茶几上吃晚饭		
			同马特一起收看1频道的电视节目（看两个小时）

	星期一	星期二	星期三
8:30			和马特一起看2频道的节目秀，并同时构思工作邮件，整理宝宝相册里的照片（一直到10:15）
9:00	和马特一起看1频道的电视节目	吃晚饭（马特做的饭），和马特聊天	
9:30			
10:00	看闲书	清理屋子(15分钟)，看闲书（30分钟），然后睡觉	看闲书（10:15到10:_）
10:30	睡觉		睡觉
11:00		睡觉	
11:30			
夜里12点			
12:30			
1:00			
1:30			
2:00			
2:30			
3:00			
3:30			
4:00			
4:30			

钱请保姆过来帮忙。既然宝宝在晚上7:30以后不需要太多的照顾，那么凡是轮到他们照看时，就可以在家里搞一次浪漫的约会了。她在周末的时候常常同朋友们聚到一起，还抽出时间来指导一位年轻的律师新人，并同事务所里的女同事互相交流。

星期四	星期五	星期六	星期天
		同马特一起收看1频道的电视节目	
和马特聊天，看闲书			看闲书
睡觉	当另一个宝宝的母亲来接孩子的时候，我同她聊了一会儿，然后准备上床睡觉	睡觉	睡觉
	睡觉		

沃恩茨不仅像律师惯常的那样做职业记录，还对整个生活保持着全程的跟踪。这种做法能够帮助她捕捉到更多的机会，尤其是在早上的时候。

“我家宝宝在早上5点到6点之间醒来，然后就要用奶瓶喂奶给他喝，”她在电子邮件中告诉我说，“过去我总是丢给他一个奶瓶，然后自顾自地回去继续睡觉。后来我发现这样做并不能给自己补充多少睡眠。当我迷迷糊糊地被6点闹铃吵醒时，自己感觉比先前更加精神恍惚。既然我非要拖到6点钟才肯起床，那么也就意味着在此之前我没有花任何时间来梳理打扮。每天早上我总是把湿漉漉的头发随便一扎，丝毫不去化妆，也不挑什么漂亮衣裳，自己感觉既糟糕又丑陋。”

根据杰基的日程表记录，她在工作日的那些天里只有星期一做过健身锻炼。因为那天宝宝生病了，所以她选择在家办公。由于省去了上下班路途奔波的时间，这才使得她有空闲去跟着健身录像做一番运动。可是在她人生的现阶段里，远程办公是可遇而不可求的，所以她还是需要另想办法来实现在工作日里也能健身的愿望（她周末通常去两次健身房）。

那么杰基的办法是什么呢？她告诉我说：“本周我坚持最晚6点钟起床，这样一来我就可以有时间做梳洗打扮的准备了（整理头发、认真化妆、挑选衣服），而且要挑选其中两天（星期一和星期三）去健身房锻炼一下。我一出健身房就直奔公司。虽然所有这一切安排都尚在“试运行”的过程中，不过我觉得只要坚持履行这种早晨安排，并在一周工作日里能够去两次健身房的话，那么就会给我自身带来巨大的好处。”

如今沃恩茨在正式起床之前再也不用忍受那整整一小时的干扰了，也不需要心急火燎地开始自己崭新的一天，这给了她看待生活的全新角度。“在这一周里，我通过提早起床的方式‘发现’

了额外的五个小时，这让我感觉非常好。平时我无论如何都会在宝宝醒来之前就出门上班，所以这种早起的做法并不会减少我陪伴儿子的时间，而且意味着我可以在一周之内完成更多的事务。”

在她为我做完记录之后的数周里，沃恩茨的工作变得异常繁忙起来，于是那段额外的时间就显得特别有用了。她反馈给我信息说：“我过去常常在5:30起床，在6点到6:30之间从家里赶到办公室，然后可以在下午4:30或4:45下班，赶回家好好陪伴儿子。”虽然这一次她的早晨改进计划并没有得到贯彻和实施，但是她起码也履行完成了几件绝不能让步的事务，比如在傍晚的时候陪伴宝宝。这一点成绩使得她的生活没有陷入彻头彻尾的“灾难”之中。

“在那些任务繁重的日子里，我没有感到过度的紧张和压抑，这真是太庆幸了。”她说。就算你的日常安排看起来不尽如人意，但实际上拥有一个平和宁静的生活也是人生道路上的一大成功。

日程表四：杰米

杰米·阿克是一名全职太太，她在家里自己教5岁和2岁的儿子读书写字。下页所列示的就是她的日程安排表：

当我问阿克希望在哪方面做出改进时，身为母亲的她给了我一个十分合乎情理的答案：“我想花更多的时间来陪伴孩子们，帮他们认字，同他们玩耍，给他们读小人书，带他们出去散步等等。”然而让我困惑不解的是，阿克其实已经终日待在家里照看孩子了。自从她开始居家带孩子以后，宝贝们连幼儿园也不用去上了。那么，为什么她依然认为自己没有投入足够的时间来陪伴他们呢？

问题的答案其实就是一个诸多家长普遍遭遇的困境。就像阿

	星期四，1月31日	星期五，2月1日	星期六，2月2日
早晨5点	睡觉	睡觉	睡觉
5:30	睡觉	睡觉	睡觉
6:00	睡觉	5岁的儿子醒了，过去照顾一下	睡觉
6:30	睡觉	睡觉	睡觉
7:00	起床，去给5岁儿子一个拥抱	睡觉	睡觉
7:30	做早餐，吃早餐	起床，刷牙	做早餐，吃早餐
8:00	做早餐，吃早餐	做早餐，吃早餐	吃早餐，和朋友交谈
8:30	吃早餐，上网，整理屋子	做早餐，吃早餐	规划课程
9:00	陪孩子们玩耍	吃早餐	规划课程
9:30	为一天做准备	和母亲谈心	规划假期安排
10:00	陪2岁儿子玩耍	整理房间	格雷格穿衣服，洗漱整理就绪
10:30	教5岁儿子功课	大家准备好去健身房	同5岁儿子一起练空手道
11:00	教两个儿子功课	开车去健身房	同5岁儿子一起练空手道
11:30	做饭	健身锻炼	和孩子们一起玩耍
中午12点	宝宝学说话的课程	健身锻炼	规划课程
12:30	哄2岁儿子睡觉，列食物采购清单	和孩子们一起外出吃饭	规划课程
下午1点	上网看新闻	开车回家	规划课程
1:30	午睡	洗车，洗澡	规划课程
2:00	午睡	和5岁儿子一起坐在沙发上休息	规划课程
2:30	喂孩子吃饭，自己吃饭	陪5岁儿子一起玩耍，讲故事给他听	做饭，吃饭

星期天，2月3日	星期一，2月4日	星期二，2月5日	星期三，2月6日
睡觉	睡觉	醒来或失眠	睡觉
睡觉	睡觉	睡觉	睡觉
睡觉	睡觉	睡觉	睡觉
睡觉	睡觉	睡觉	醒来，洗漱准备
醒来，洗澡	睡觉	睡觉	叫醒5岁儿子，帮他穿衣准备
准备早餐	起床，哄孩子吃饭	醒来，刷牙，舒展筋骨	开车送5岁儿子去参加“成长疗程”
整理东西准备去“海洋世界”游玩	再补觉，赞！（格雷格回家了）	铺床，刷牙	物理治疗，做预算
所有人穿戴整齐，准备出发	睡觉	做早餐，吃早餐	物理治疗，做预算
整理房间，把行李装上车	睡觉	吃早餐，写邮件	演讲，上网
开车去“海洋世界”	睡觉	听音乐，讲故事给孩子们听	演讲，上网
在“海洋世界”游玩	睡觉	听音乐，陪孩子们玩耍	陪孩子写作业，阅读训练
在“海洋世界”游玩	睡觉	辅导5岁儿子学习	陪孩子写作业，阅读训练
在“海洋世界”游玩	陪孩子们一起玩耍	辅导5岁儿子学习	开车回家
在“海洋世界”游玩	吃饭，整理屋子，制订一日计划	洗澡，梳理洗漱，着装	做甜点给孩子们吃
在“海洋世界”游玩	辅导5岁儿子学习	准备午饭，哄孩子们吃午饭	健身锻炼
在“海洋世界”游玩	辅导5岁儿子学习	准备好一切行李	健身锻炼
在“海洋世界”游玩	清理、整理屋子	开车去图书馆	辅导5岁儿子学习
在“海洋世界”游玩	清理、整理屋子	在图书馆看书	辅导5岁儿子学习
在“海洋世界”游玩	做甜点零食	购物	辅导5岁儿子学习
在“海洋世界”游玩	准备晚饭	购物	陪2岁儿子玩耍

	星期四，1月31日	星期五，2月1日	星期六，2月2日
3:00	和孩子们一起到户外去玩耍	揉比萨面团	准备饭菜
3:30	和孩子们一起散步	清洗厨房，整理冰箱里的东西	准备饭菜
4:00	整理屋子，看《艾伦秀》节目	制作比萨饼面团	准备饭菜
4:30	陪孩子们一起玩	和格雷格谈心	迅速去CVS药店跑一趟
5:00	准备晚饭，吃晚饭	全家一起吃晚饭	喂孩子吃饭，和他们一起玩耍
5:30	家庭游戏时间	全家一起吃晚饭	家庭游戏夜
6:00	家庭游戏时间，打扫厨房	陪孩子们玩耍	家庭游戏夜
6:30	家庭跳舞时间，清理屋子	帮孩子们洗澡，哄他们上床，帮他们换睡衣	用吸尘器清扫屋子，哄孩子们上床睡觉
7:00	给孩子们洗澡，哄他们上床，给他们讲故事	讲故事给5岁儿子听	和5岁儿子一起看电视
7:30	洗澡	整理衣服	和5岁儿子一起看电视
8:00	规划星期五的活动	和格雷格一起看电影大片	规划假期安排
8:30	规划假期安排	和格雷格一起看电影大片	规划假期安排
9:00	规划假期安排	和格雷格一起规划假期安排	规划假期安排
9:30	规划假期安排	和格雷格一起规划假期安排	规划假期安排
10:00	规划假期安排	洗澡	刷牙，准备上床
10:30	规划假期安排	睡觉	睡觉
11:00	睡觉	睡觉	睡觉

星期天，2月3日	星期一，2月4日	星期二，2月5日	星期三，2月6日
驾车回家，卸下行李	打扫	和母亲一起挑选商品	讲故事给孩子们听
查看电子邮件	带孩子们出去散步	回家，卸下行李，整理物品	感觉身体不舒服，和孩子们一起看电视
同格雷格和母亲聊天	带孩子们出去散步	写邮件给婆婆和朋友	感觉身体不舒服，和孩子们一起看电视
准备晚饭	讲故事给孩子们听	做晚饭	感觉身体不舒服，和孩子们一起看电视
全家一起看“超级碗”（Super Bowl，美国橄榄球联盟的年度冠军比赛。——译者注）	全家一起吃晚饭	做晚饭	做晚饭，哄孩子们吃饭
全家一起看“超级碗”	家庭游戏夜	和孩子们一起看书	家庭读书时间
全家一起看“超级碗”	打扫卫生	整理房间	整理屋子
给孩子们洗澡，讲故事，哄他们睡觉	给孩子们洗澡，讲故事，哄他们睡觉	一起跳舞，给孩子们洗澡，然后哄他们睡觉	一起跳舞，给孩子们洗澡，然后哄他们睡觉
规划课程	电视剧《单身汉》	整理衣服	哄2岁儿子睡觉，给5岁儿子讲故事
规划课程	电视剧《单身汉》	和格雷格聊天	给5岁儿子讲故事
编辑上传图片	电视剧《单身汉》	看电视，做课程规划	规划假期安排
编辑上传图片	电视剧《单身汉》	看电视，做课程规划	和格雷格一起看电影大片
同格雷格聊天，准备甜点	洗澡	看电视，做课程规划	计划明天的日程安排，洗澡
睡觉	睡觉	洗澡	睡觉
睡觉	睡觉	睡觉	睡觉
睡觉	睡觉	睡觉	睡觉
睡觉	睡觉	睡觉	睡觉

	星期四，1月31日	星期五，2月1日	星期六，2月2日
11:30	睡觉	睡觉	睡觉
夜里12点	睡觉	睡觉	睡觉
12:30	睡觉	睡觉	睡觉
1:00	睡觉	睡觉	睡觉
1:30	睡觉	睡觉	醒来或失眠
2:00	睡觉	睡觉	睡觉
2:30	睡觉	睡觉	睡觉
3:00	醒来或失眠	醒来或失眠	睡觉
3:30	醒来或失眠	睡觉	睡觉
4:00	睡觉	睡觉	睡觉
4:30	睡觉	睡觉	睡觉

克所说的："我所指的花更多时间陪孩子们，意思是希望能够全身心地、不受干扰地投入更多时间。我原以为在家陪读就可以让孩子们24小时围在我身边，然而事实上我给不了他们所有的时间，因为很多事情同时压在我的肩膀上。我常常在一天末了的时候对自己的表现相当失望，因为我没有拿出多少时间全情地投入到孩子身上。我没有把手机收起来，也没有关掉电脑和电视。我总是拿出一堆堆脏衣服来洗，我在屋子里不是整理这个，就是打扫那个。对我来说，坐下来连续30分钟陪孩子们玩小汽车简直是一种折磨，可是每当结束以后我便感觉心里暖洋洋的，并且徜徉在和孩子们融洽相处的时光里。我总是急匆匆地做事情，态度也不够耐心，可是这根本就不是我的本意。"

其实阿克道出了这样一条真理：在家带孩子就如同在单位上班一样，就算你人在那儿，却并不等于你心在那儿。不过，在工作的时候你好歹还有一些可以倚仗的人和事，比如你要是消极怠

星期天，2月3日	星期一，2月4日	星期二，2月5日	星期三，2月6日
睡觉	睡觉	睡觉	睡觉
睡觉	睡觉	睡觉	睡觉
睡觉	睡觉	睡觉	睡觉
睡觉	醒来	睡觉	睡觉
睡觉	睡觉	睡觉	睡觉
睡觉	睡觉	睡觉	睡觉
睡觉	睡觉	睡觉	睡觉
睡觉	睡觉	睡觉	醒来或失眠
睡觉	睡觉	睡觉	醒来或失眠
睡觉	睡觉	睡觉	睡觉
睡觉	睡觉	睡觉	睡觉

工的话，顶头上司早晚都会知道。然而带孩子的目标就不那么明确了，而且要比单纯地完成某项销售业绩来得更为复杂。所以说，相比单位里没完没了的电子邮件而言，我们更容易陷入它的家庭版“孪生兄弟”之中，比如看电视和做家务等，当然也不要忘了在家里收发电子邮件的活儿。虽然从长期的角度来看，这些鸡毛蒜皮的琐事没有什么意义，但是它们在眼下却能给你一种很有效率的感觉。

因为阿克不用送孩子去幼儿园，所以她的一天还是比较宽松的，只需要有时候带他们去参加“成长疗程”就行了。我觉得有两件事情让阿克去做，会产生巨大的裨益。首先，她应该制定一个更理想的早晨事务安排。她告诉我说，她想趁孩子未醒之前就起床，这样就可以有时间去查看邮件并更新社交网络了，还能有空闲来做点别的事情（比如家务）。当孩子们围到身边时，她就分身乏术了。“要是我和他们同时起床的话，睁眼的那一刻就进入了‘有求必应’的状态，而我的举止态度也不会像自己期望的那样平和。”她说。既然她总是能够按时上床休息，那么我就问她到底是什么东西拖了后腿，使她无法在孩子醒来之前抢先起床。她回答我说：“唯一的答案就是懒惰。我非常喜欢睡懒觉，而且讨厌早晨的太阳。对于我们家来说，摁掉闹钟接着睡的做法并不会产生什么严重后果，所以我就一直这么干了。有一次我在7点半的时候才醒过来，为此我感到非常懊悔，而现在我正在做不少补救的工作。”

我绝不会用“懒惰”二字来形容一个居家带孩子的全职太太。她之所以在起床的问题上力不从心，我怀疑是因为她找不到任何有意思的事情来做，那种平淡的生活就这么一天接着一天。所以我觉得，除了要有一个全新的早晨安排之外，阿克还应该做一点别的事情，不能继续这样闷在家里带孩子。我建议她去制定一张“100个梦想”清单。这个“一揽子”计划可以把她的注意力转移到那些亲子同乐的活动上去。至于清单上的具体内容，它们可以是普普通通的外出游玩（比如去参观博物馆或者“海洋世界”），也可以是更为新奇的活动（比如去农贸市场采购五颜六色的水果蔬菜）。只要稍微看看自己的每周日程表，就可以挑选出两三样事情摆到早晨时段去做。等到下午回到家中以后，她可以先哄小儿子睡午觉，然后再教大儿子读书写字；也可以带一个孩子单独出去游玩，把另一个交给孩子的外婆（同他们住在一起）来照看。

阿克很喜欢这个主意。她读了我那本《168个小时》，明白了“100个梦想”清单的概念。她告诉我说：“虽然我立刻就能构思出一个‘梦想’，可是从来没有想到过任何亲子同乐的活动。这真是令我茅塞顿开！在几个月之前，我们举家搬到了这个州来居住，这里有很多好玩的地方，我可以带着孩子一起去走走。”

数周之后我又做了回访确认，得知阿克已经非常热衷于她的新计划了。她在邮件中是这样回复我的：“我现在比以前快乐多了！在上周的星期一、星期三和星期五早上，我在6点钟的时候起床梳洗打扮，趁孩子未醒之前把点心袋和尿布包准备好。在那三天里面，头一天我带着孩子们出去买甜甜圈吃，他们就像过圣诞节一样兴奋！第二天我带一个孩子去公园喂鸭子；最后一天我带另一个孩子去看剧场演出。坦率地说，做到这些其实一点儿也不难！我不敢相信自己居然多年以来从未尝试过这么做。在星期五晚上临睡之前，快乐时光占据了一周大部分的时间。这使我的内心感觉好多了，我不再认为自己是一个不称职的母亲，要知道这一点原本始终困扰着我。对我来说，有两样东西改变了我的一生：一件是‘心存期待’的信念，另一件就是‘早期准备’的原则。我现在感觉自己多了一层幸福，少了一份愧疚。这真的是太令人激动了！”

试问谁不想过这种日子呢？其实我们拥有的时间是同样多的，每个星期都只有168个小时，而关键之处在于我们如何度过。当你集中精力去做那些自己擅长和喜欢的事情时，生活就会变得绚丽多姿，人生也就有了万种可能。

如何彻底改进你的时间安排

虽然每个人的生活各有不同，但我还是列出了八个步骤来帮助到大多数人。它们可以让大家腾出更多的时间来做重要的事务，无须把大好的光阴都浪费在小事之上。

1. **记录好你的时间**。要想用好你的时间，第一步就是先搞清眼下你是如何度过的。请把你每天的事务都写下来，只要一想到就去写，越频繁越好。按照这个方法坚持数日，最好是一个星期。请你把自己假想成一名律师，且正在给不同的“案子”计时收费：比如自己的本职工作（形式可以多种多样）、睡觉、旅游、做家务、陪家人玩、看电视，等等。本章末尾部分附有一张空白的时间日志表格供你使用，你也可以到我的网站上面去下载一份（http://lauravanderkam.com/books/168-hours/manage-your-time/），同时也欢迎你扫描本章末尾的二维码，用它来获取所需表格。

2. **做一点“算术”**。当你在日程表上填好“初始数据”以后，请把那些项目汇总起来看一看。请问你有何种感觉？你认为在哪些项目上花费了过多的精力，而又在哪些事情上面投入不足呢？在这张日程表上，你对什么项目最为满意？看着这张表格，你想做哪些改进呢？

3. **面对现实，重在实干**。请你明白这一点，时间其实就像一张白纸。未来的“168个小时”肯定将被赋予丰富的内容，然而那到底是阳春白雪还是下里巴人，则很大程度上要取决于你的安排。请不要把“我没有时间”这句话挂在嘴边，而是转而去说“这不是我眼下应该干的事”。请把一周的每个小时都看作一次关乎取舍的选择。诚然，尝试新的东西有时候会造成可怕的后果，但是有时候也未必如此。

4. 大胆地梦想未来吧。问自己这样一个问题：你到底想用自己的时间来做些哪些事情？请尝试制作一张“100个梦想”清单吧，将你的生活目标、旅行计划、职业愿景等诸多方面都考虑进去。你想在哪些事情上面投入更多的时间？你想用哪些活动来充实自己的生活？请你不妨去做一份全方位的梦想清单，或者给家庭成员单独列出一张单子，把那些想和家人一起做的事情全部写在单子上面。请记得还要经常回顾这张单子，并把它摆放在经常接触得到的地方。

5. 给你的梦想编织一张时间表。写一份预期的绩效评估报告，即在明年年底的时候，你所希望呈现给自己的一份回顾总结。请问，届时你希望实现“100个梦想”清单上的哪些事业目标？请拿出一点时间来制作这份模拟的总结报告，它的内容可以是完成一部小说的草稿，也可以是开一家伊蒂丝小店[①]，还可以是帮助公司拉来两个七位数身价的新客户，或是操办一场晚宴来为小型博物馆募集启动资金。

你不妨给自己的生活目标也设定一个时间表，试着做一份明年的“家庭度假年终总结”。每逢圣诞节之际，人们都会“强迫”亲朋好友讲述过往一年的精彩瞬间。那么，你希望在这份总结里写上什么内容呢？请从你的日程表里挤出一个小时左右，审视一下“100个梦想”清单上的个人生活部分，想一想自己可以从中挑出哪些目标放到眼下这一年里去实现。它们可以包括去完成人生的第一

① Etsy是一个网络交易平台，主要销售自制手工艺品。——译者注

个万米长跑，举家报名社区合唱团，或者是在夏天的日子里，前往缅因州度假一个星期，每天都吃两顿大龙虾。

6. 将目标细化分解。一旦你制作好了预期的绩效评估和明年的度假总结以后，请着手把这些目标细化，将其变为具体可操作的步骤。如果你不知道第一步应该从何处开始，那么不妨先去做一番“研究”工作。如果你想完成人生第一个万米长跑的话，那么就需要提前六个月报名参加比赛，然后切实履行一份每周训练三到四次的日程表，以此来慢慢积累自己的跑步里程数。另外，其他步骤还有：买一双质量上乘的跑步鞋，去图书馆查找一些训练方面的书籍，报名成为健身房会员，或是在家附近区域寻找一个理想的跑步路线。

7. 制订具体计划。每个星期拿出一段时间来做计划或回顾。在这个时段里，请审视自己的日程表，并草拟几个实现目标的具体步骤。比如问一下自己，我应该选择在哪个地方跑步三圈？我准备几时动身去图书馆查阅那本《傻瓜指南系列：如何开一家伊蒂丝小店》?

8. 请对自己负责。志向远大固然是一件好事，然而要是你不创造条件去一步步实现它的话，那么宏图壮志只不过是白日做梦而已，根本算不上是什么实际的目标。请建立起一套切实可靠的操作体系，比如你的朋友，你的家人，还有各种应用软件等，让这些人和事物来迫使你无法接受失败。倘若你在星期二早晨有跑步计划，届时外面的气温有25度，而你那张温馨的大床又十分诱人，那么有什么因素能够促使你起床出去跑步吗？请先把这个问题回答好，然后你的时间改进之旅就会一帆风顺了。

50条时间管理诀窍

1. 事实的真相往往是残酷的，但是它可以让我们从困惑之中醒悟过来。请你明白这样一个道理：如果你有时间看电视，那么就有时间去读书，也有空去锻炼身体，更有闲暇去重新拾起那些因生活繁忙而中断的兴趣爱好。不要去寻找什么借口，请坦诚地面对自己。

2. 从小处入手。先培养一项习惯，然后逐步扩展开来。

3. 每天都要安排一些有意思的事情来做。如果你在起床的那一刻有所期待的话，那么生活就会变得更加美好。

4. 不要过度看重晚餐。你们可以吃三明治，也可以把剩菜剩饭、冷冻比萨拿出来将就将就，还可以简单地炒个鸡蛋，拌个沙拉。晚餐的重点在于合家团圆的氛围，而不必强求像茱莉亚·蔡尔德那般的烹调手艺[①]。其实全家人不聚在一起吃晚餐也可以！有些家庭在晚上的时候会比较繁忙，所以不妨将其改为合家团圆享用一顿美妙的早餐，这会是一个很好的替代方案。

5. 普通美国人的平均睡眠时间超过8小时。如果你觉得自己睡眠不足的话，单靠一个起床闹钟是起不了多少作用的。请尝试设置一个按时上床睡觉的闹钟。在这个实时互联的纷繁世界里，我

---

① 茱莉亚·蔡尔德，Julia Child，美国的知名厨师、作家与电视节目主持人。——译者注

们需要有意识地去关掉电子设备，乖乖地上床休息。

6. 请你搞清楚那些常规事务需要耗费多少时间，这样就可以合理地分配时间段了。假设有一次你在早上6点去上班，仅仅用了半小时就到达了单位。于是你想当然地以为路上的时间也就这么点儿而已，那么等你下一次8点出门的时候就一定会迟到了，因为路面的交通状况存在着天壤之别。

7. 如果你的清单很长，写满了各种压在肩上的生活重担，那么就试着每周仅仅解决一项任务吧。等到某项任务变得具有可操作性了，再去转而考虑下一项。请大胆地安排数周以后的事情吧。当你正在装修浴室却因为孩子报夏令营的事而感到困扰时，你心里应该清楚自己已经安排好了日子，而现在还不到时候。

8. 如果条件许可的话，每周争取一到两天在家里办公。这样你就不用在上下班的路途上奔波，也无须费尽心思地着装打扮，你可以轻易地节省下整整一个钟头的时间。尽管对于某些创新型工作来说，同事之间面对面的合作交流是至关重要的，但是一周连续五天碰头的话，未免也有些小题大做了。

9. 记住，你已经够漂亮了。请把45分钟的个人护理时间缩减到30分钟，每天节省15分钟的效果其实要胜过每周多出一个小时。

10. 请将家里的物品全部归置整齐，找鞋子和寻手机的时间纯粹是白白浪费掉的。

11. 精简你的家当。要知道你拥有的东西越多，浪费掉的时间也就越多。它们既需要花钱去买，又要求你花功夫来清洗和保养。

12. 午间小憩。当你感觉疲惫的时候，不妨先打个盹再说。这么做看起来略显懈怠，但是能够让你醒来之后干劲十足。

13. 降低做家务事的标准和要求。你的屋子早晚都会再次变脏，可你的时间是追不回来的。那些换下来的衣服可以暂时先放一放，等过了一两天再去清洗也不迟。

14. 把你最为重要的任务摆到最有效率的时段里去做。对于大多数人而言，最有效率的时段就是一大清早的时候。不过倘若你在晚上两三点钟的时候才最有干劲的话，那么请务必珍惜并保护好这段时间。

15. 万一你遇到难题困惑不解了，请记得要向他人求助，这往往是最为快捷的解决办法。

16. 争取时间来勤加练习。我们当中很少有人会花费数小时乐此不疲地操练那些与工作有关的技能，所以坚持这么做的人一定会获得明显的竞争优势。

17. 减少跑腿的事务。尽可能在网上订购东西，要知道出门跑一趟的汽油费和时间成本要远大于网购的快递费。要是你家缺了一个电灯泡，那么就坚持几天吧，你不会因此而死掉的。

18. 给一件事情贴上“工作”的标签并不能让它变得更加重要。请计算一下那些翻来覆去的应酬和会谈给你造成的机会成本。请记住，任何聚会活动必须物有所值才对。

19. 你是否正在努力推进自己的事业发展？请你幻想某一天自己做成了一件大事，外头的杂志正在撰写一篇关于你的专栏。想想看，他们会怎么写呢？请在脑海里把胜利的过程自编自导一番吧，这会有助于你将其变为现实。

20. 请同你的家人坐下来谈一谈，讨论一下哪些美味佳肴和传统活动是你们全家共同期待的，这样做能够让你们更好地利用假日时光。请你全身心地投入到那些在乎的事情当中去，并更加明智地处理那些鸡毛蒜皮的小事。

21. 俗话说，一口气吃不成胖子，事情要一件一件地做。当你正在埋头写作时突然想去查看邮件，那么你将浪费掉15分钟甚至更长的时间来返回到原先的正事上面。左右开弓的做法只会吞噬掉你的时间，你应该集中兵力打歼灭战，待到攻克以后再去征服下一个山头。如果你的工作性质需要频繁地查看邮件，那么请你在每一个小时里面拿出20分钟来对付这些往来邮件。在余下的40分钟之内，始终把电邮程序保持在关闭状态。在这些不受打扰的时段里，你可以把很多事情顺利地完成。

22. 练习如何说“不”。当你不想参与某事的时候，并不意味着这件事本身不重要。它或许是非常要紧的大事，即便你投入再多的关注也不嫌过分。所以当你遇到这种情况的时候，请推荐其他合适的人选来帮忙代办。

23. 从事那些适合自己的工作，这样可以让你在全部168个小时里发挥惊人的能量。心怀“圣杯”的精神①，孜孜不倦地寻找着心爱的职业，甚至愿意不计回报地工作。如果这种幻想不太现实的话（不可能真的会有人为你设计出最完美的工作），那么就请你把注意力集中在一些力所能及的微小改进上吧。随着时间慢慢推

① 基督教世界里传说中的圣器，历史上众多有志之士都苦苦地追寻过它的踪迹，文中此处比喻为那种坚忍不拔的精神。——译者注

移，它们可以帮你爱上自己手头的工作。

24. 伸展你的触角。每天都拿出一点时间来拓展人脉网络，学习新的技能，分享自己的成果。

25. 人生得意须尽欢。如果你取得了某一个胜利，那么就有资格打开香槟酒庆贺一番。你还在等什么呢？把精力省下来干吗？那些美味的香槟酒，此时不开更待何时？

26. 人脉关系非常值得你去投入时间。花点功夫去向别人打一声招呼，送去一个诚挚的微笑，全身心地关切身边的人。要是有谁想把重要的事情向你倾诉，你却在电话里简短敷衍的话，那么日后就需要做很多补救的努力才能挽回这份情谊。

27. 事无巨细皆亲力亲为的做法是非常低效率的。如果你不信任手下的人，那么最好还是正面直接地解决矛盾，而不是去强求他们把每封邮件都抄送给你过目。

28. 尽量把工作时间连成一片。如果你在一天之内需要开两场会议，那么请你把它们“背靠背”地安排在一起。这样做能够最大限度地减少会议之间的零散时间，要知道它们是很难被你有效利用的。

29. 退一步讲，如果在你的日程表里经常出现琐碎的片段，那么你就应该尝试把这些片段转变为短暂的快乐。请把有趣的事情分列在两张“短暂快乐”的单子上：一张为需要半小时到一小时来做的，而另一张是十分钟以内就可以搞定的。通过这种方法，你就可以把两通电话之间的空档时间利用起来了。你不必再反复地刷新收件箱，而是可以快速地浏览一下网页，或登录到www.

poetryfoundation.org网站去欣赏几首情趣小诗。

30. 在断电的条件下生活。就算这个社会缺少了你的关注，地球也不会撞上太阳的。请给你的“线上”生活设定时限吧，比如在早上7:30之前或晚上10点之后就不要再去接触手机了。

31. 仔细考虑哪些地方是需要改进的。如果你觉得应该给孩子讲更多故事的话，那么就要特别认真地做好这方面的时间记录。当你有意识要把事情记录下来的时候，就会更轻易地端起第二本故事书来讲了。

32. 要是你感觉自己无法集中注意力的话，那么不妨先稍事休息一下，好好地做一个调整再说。

33. 迈开腿，走出去。根据加州大学洛杉矶分校的一项时间调查研究，在中产阶级双职工家庭里，大人们每周待在自家院子里休闲的时间少于十五分钟，而孩子们则少于四十分钟。这使得我们不禁要问，既然根本不懂得去享用这些设施，那么为什么还要花大价钱去购置呢?

34. 如果你给孩子们安排了很多体育活动，而且给他们报了五花八门的兴趣班，那么你不妨自己也尝试几项玩玩。其实成年人和小孩子一样，也能从体育锻炼和结交新朋友的活动中得到很多收获。

35. 设法提升驾车时段的质量。请你确保每周一次与配偶共同开车去上班，这样做可以把那些“荒废”的上下班时间转变为浪漫的约会；把小人书的有声版音频录到你的车里，这样就可以将送孩子上学的时段升级为家庭故事会了；另外要记住，几首好曲子比电台主持的荒诞段子更加振奋人心。请你在出门之前就将这些准备工作全部做好，它能使你的旅途更加惬意。

36. 请你教会孩子们独立自主，把时间花在这上面是非常值得的。虽然对于一个刚开学的四年级学生来说，要她自己动手做午饭的话，还不如你替她做更加方便。可是当她自己尝试以后，就获得了单独处理问题的能力，终有一天她或许会提前写好食物采购清单了。家长替孩子包办一切的做法，等于是剥夺了他们学会思考和筹划的机会。

37. 以上一点在工作中也适用。花点时间去教会别人做事吧，这是一种初期投入，它会让你将来的日程表更为宽松。

38. 要始终乐于做那个主动打电话的人。只有这么做，才能保证事务能够准点开始。

39. 如果有人向你提议出去聚会一次，而你们彼此都对聚会非常期盼的话，那么就不要说“下个星期找个时间怎么样”之类的话语，而是要说：“那我们约在星期四下午两点吧，就去42号街上的那家星巴克坐坐，具体位置就在3号街路口到莱克斯路口之间的那一段。要是你觉得不太方便的话，就告诉我更加理想的时间和地点。”这样子表达可以帮你节省很多功夫，不然的话你有可能需要写4封来回确认的邮件了。

40. 拿点时间出来回味一下过去的美好时光。请翻阅一下你的相册，这是一个很好的温故方式，它能把过去的好日子重新展现在你面前，这样一来你就很可能在今后的某个时候腾出手来重新做一遍。

41. 直到周一早上闹铃敲响的那一刻为止，你的周末时光才算正式结束。请在周日晚上安排一些有意思的活动，这样就可以把周末的快乐心情延续下去了。巧合的是，周日晚上还是一个很不错的聚会时段，因为没有人会在那个时候还有事务安排。

42. 在工作晚宴之外另辟蹊径。请你带领整个团队出去跑步锻炼，这同样也是一种提高士气的好方法。客户有可能更愿意同你一起享用简单的早餐，而不是牺牲晚上陪伴家人的时间来应付一顿工作晚宴。如果双方碰巧都有年龄尚小的孩子，那么你们甚至可以结伴出游，以这种方式来增进彼此的感情。要知道不是所有的人脉关系都需要通过酒精和夜店来构筑的。在很多情况下，如果你们不搞这些活动的话，其实会感觉更加舒适自在。

43. 你可以赚来更多的金钱，但无法赢得额外的时间。如果只需花几个小钱就能享受更多闲暇时光的话，那么这笔钱就花得非常值得。

44. 如果计划好了一件有趣的事，那么即使是累了也要去做，因为我们能够从中汲取能量。

45. 活得更加洒脱大气一些。要是你觉得在热带雨林里迂回旅行听上去过于恐怖的话，那么就请你记住这一点：这次旅行说不定会在一个小时之内即告结束，而在此生平淡无聊地死去之前，你可以反复讲述这段刺激的探险经历。

46. 硬盘录像机并不能节省你的时间。有了这个设备，你就发现了一片新天地。你会观看那些原本对你来说并不存在的电视节目（例如对于朝九晚五的上班族来说，那些白天播放的节目是看不到的）。所以说，就算你跳过了那些电视广告，也弥补不了时间上的损失。其实最好的办法是有意识地挑选节目来看。请捡出少量自己最喜欢的节目，然后决定要花多长时间来看。节目播完之后就立即把电视机关掉。那么，除此以外还有别的办法吗？办法其实是有的，那就是仅仅在健身锻炼的时候看电视。只要你在椭圆机上坚持运动，那么你想看什么就可以看什么。

47. 请你想办法减少“过渡”时间。如果你决定干某一件事，那就立刻着手去干，不然的话可能白白浪费掉30分钟甚至更多的时间。你会在屋子里东游西荡，整理整理这个，摆弄摆弄那个。你的心思会完全分散掉，在做出实际行动之前就丧失了对事情的关注度。

48. 如果你不喜欢做某项具体的事务，那么就预估一个完成此项事务所需的时间吧。清理洗碗机会花去6分钟的时间，虽然明白了这一点并不等于实际上完成了这件事情，但这样做可以让它看起来不像是一个非常沉重的负担。

49. 珍爱你家的小传统，例如每周四早上摊煎饼。这些全家人一同参与的特别活动，不但可以使你不用烦恼早点吃什么，而且能帮你构筑起一个更为牢固稳定的家庭关系。

50. 请你务必牢记要多动笔。不要去费心挂念各种想法，哪怕是惦记着今天要去干洗店拿衣服，那也纯粹是在浪费时间。记住，你有更为重要的事情要做。

	星期一	星期二	星期三
早晨5点			
5:30			
6:00			
6:30			
7:00			
7:30			
8:00			
8:30			
9:00			
9:30			
10:00			
10:30			
11:00			
11:30			
中午12点			
12:30			
下午1点			
1:30			
2:00			
2:30			
3:00			
3:30			
4:00			
4:30			
5:00			
5:30			
6:00			
6:30			
7:00			
7:30			
8:00			
8:30			
9:00			
9:30			

星期四	星期五	星期六	星期天

	星期一	星期二	星期三
10:00			
10:30			
11:00			
11:30			
夜里12点			
12:30			
1:00			
1:30			
2:00			
2:30			
3:00			
3:30			
4:00			
4:30			

星期四	星期五	星期六	星期天

请用手机扫描以下二维码，免费下载168个小时时间日志表，以记录你的时间安排。

扫码免费听

《高效能人士的七个习惯》有声书